VADIM TSCHENZE
Meine 100 Seelenschützer

W0035228

GOLDMANN
Lesen erleben

Vadim Tschenze

MEINE 100 SEELENSCHÜTZER

Spirituelle Praktiken,
die uns stark machen

GOLDMANN

Dieses Buch ist auch als E-Book erhältlich.

Verlagsgruppe Random House FSC® N001967

4. Auflage
Originalausgabe August 2018
© 2018 Wilhelm Goldmann Verlag, München,
in der Verlagsgruppe Random House GmbH,
Neumarkter Str. 28, 81673 München
Umschlaggestaltung: UNO Werbeagentur, München
Umschlagmotiv: © FinePic®, München
Lektorat: Ingrid Lenz-Aktaş
Bildnachweis: alle Illustrationen im Innenteil
© Bettina Kammerer mit Ausnahme von S. 121 © Vadim Tschenze
fm · Herstellung: cf
Satz: Satzwerk Huber, Germering
Druck und Bindung: CPI books GmbH, Leck
Printed in Germany
ISBN 978-3-442-22243-8

www.goldmann-verlag.de

Besuchen Sie den Goldmann Verlag im Netz

am 14.2.2021 angefangen

INHALT

Vorwort 6
Dank... 7

Das Geheimnis der Seele 9
Seele, Geist und Körper 10
Liebe als Seelennahrung 27
Die sieben Jahreszyklen der Seele 45
Zur Benutzung dieses Buches 50

Die 100 besten Seelenschützer 52
Ich mit mir allein............................... 55
Ich und meine lieben Nächsten................... 101
Ich und mein Job................................ 118
Ich und meine Welt............................. 138
Ich und unsere Welt 170

Anhang 209
Seeleninspirationen und Meditationen............ 210
Tabellen: Die sieben Jahreszyklen der Seele 228

Nachwort 250
Seminare an der Vadim Tschenze Akademie 251
Literaturverzeichnis............................. 252

VORWORT

Liebe Leser,

wir leben in einer sehr schnellen Zeit. Wir hetzen uns zu sehr und vergessen darüber oft das, wofür wir auf diese Erde kamen. Wir kommen hierher, um unsere Seele zu erweitern und um unseren Geist reifen zu lassen. Seele und Geist gehören zu uns, auch wenn wir sie nicht mit Händen greifen können.

Die Idee, dieses Buch zu schreiben, kam mir sehr spontan. Ich saß mit Freunden zusammen, wir sprachen über den Frieden im Inneren und im Äußeren – den Frieden als Seelennahrung. Das Thema war unerschöpflich. Drei Stunden lang unterhielten wir uns über das Wichtigste auf dieser Welt – über die Liebe zu uns selbst und zu Menschen, über menschliche Schicksale und über das, was unsere Seele bereichert. Wir sprachen über den Sinn des Lebens und verschiedene spirituelle Themen. Dies führte uns zu immer weiteren Fragestellungen – Themen, die für jede Seele lebenswichtig sind und die viele Menschen erreichen müssten. So habe ich mich entschlossen, dieses Buch über den Schutz der Seele zu schreiben.

Im schamanischen Bereich spricht man von der Seele als einem Geschenk, das uns gegeben wurde. Die Seele ist für einen Schamanen der wichtigste Teil des Menschen. Deshalb: Was tun Sie für Ihre Seele? Was können Sie machen, um Ihre Seele zum Singen zu bringen? Genau darum geht es in diesem Buch, das Ihnen viele spirituelle Gedanken und Erfahrungen bringen soll.

Ich wünsche Ihnen eine angenehme Lektüre und viel Erfolg mit dem Ausprobieren der Energielehre der Neuzeit.

Ihr Vadim Tschenze

DANK

Ich bedanke mich bei meiner Familie und bei der geistigen Welt für die vielen Erfahrungen, die ich in meinem Leben bereits sammeln durfte, und für die Erfahrungen, die noch folgen werden.

Vadim Tschenze

DAS GEHEIMNIS
DER SEELE

SEELE, GEIST UND KÖRPER

Dieses neue Buch beschäftigt sich mit dem Thema Seelenschutz. Zur Seele gehören der Geist und der physische Körper. Sie bilden eine Einheit. Auch Chakren und die Aura gehören zum Menschen. Das Energiefeld des Körpers, negative Energien und deren Wirkungen sowie die Übertragung positiver Energiefrequenzen von außen in die Seele sind ein wichtiges Thema für unseren Alltag. Gerade in unserer Zeit der Energieverschiebung, die jeder mittlerweile am eigenen Leib erlebt, ist es wichtig, unser Energiekostüm nicht nur sauber zu halten, sondern auch zu erweitern. Ziel dieses Buches ist zu zeigen, wie das funktioniert und wie die Seele gestärkt und geschützt werden kann.

Das Energiekostüm, die Aura, ist mit den Chakren verbunden, nimmt Energie von außen auf und verteilt sie im Körper und in der Seele. Die Aura schützt somit unsere Seele vor energetischen Angriffen. Die Chakren versorgen die Aura und auch den physischen Körper mit Energie. Man kann sie sich wie Strudel vorstellen. Neben dem Hauptsystem aus sieben Chakren (Wurzel-, Sakral-, Solarplexus-, Herz-, Hals-, Stirn- und Scheitel- oder Kronenchakra) gibt es weitere »Unterchakren«. In ihrer Arbeit verwenden die meisten Heiler jedoch nur die sieben Hauptchakren, die stets aktiv sein sollten. Sind die Chakren blockiert, wird man krank.

Die Chakren sind die »Eintrittspforten« für Energie und Lebenskraft in den spirituellen Körper. Sie versorgen ihn mit der lebenswichtigen kosmischen Energie und bilden Energiezentren, die verantwortlich für das Gleichgewicht von Körper, Geist und Seele sind. Die Chakren kontrollieren die Organe und führen ihnen Energie zu. Bei einer Fehlfunktion der Chakren werden die lebenswichtigen Organe sowie die Psyche energetisch nicht genügend versorgt und können erkranken. Die Chakren sind folglich für die ordnungsgemäße Funktion des Körpers verantwortlich. Sie sind zwar nicht sichtbar, man kann jedoch lernen, jedes Chakra zu spüren.

Im Anschluss an die nun folgende detaillierte Beschreibung der sieben Hauptchakren finden Sie weiter unten zwei Übungen dazu. Wundern Sie sich nicht, dass die Farben der Chakren gesättigter geworden sind. Alle Chakren arbeiten sehr aktiv miteinander und tauschen mittlerweile ihre Farben aus. Dies ist jedoch eine subjektive Wahrnehmung. Daher finde ich persönlich die Farben der Chakren eher überbewertet.

Das 1. Chakra oder **Wurzelchakra** ist die Stelle der Erdung und der Sicherheit. Dieses Chakra befindet sich auf Höhe des Steißbeins. Es ist rot-orange. Man nennt die Energie der Erdung auch Kundalinikraft. Die Füße dienen als zusätzliche Aufnahmestelle dieser Kraft. Sie gelten als Nebenchakra und sind braun. Die Kundalinikraft verteilt sich im Körper. Bei vielen Menschen schläft sie in der Wurzel, bei anderen ist sie sehr aktiv. In der Wurzel hat auch das irdische Denken (Karma) seinen Sitz.

Das Wurzelchakra ist womöglich eines des wichtigsten Chakren überhaupt. Wie ein Baum eine Wurzel hat, hat ein Mensch das Wurzelchakra, das ihn festigt, nährt und erdet. Durch dieses Chakra empfängt er Energie von Mutter Erde und ist mit ihr verbunden. Ein aktives, gesundes Wurzelchakra zeigt einen dynamischen Menschen. Durch bestimmte Erlebnisse wie Trauer oder Verluste kann es zu Störungen im Wurzelbereich kommen. Das Wurzelchakra ist vor allem für Muskulatur, Knochen und Bindegewebe zuständig. Es sorgt für die körperliche Potenz. Wenn Ihr Wurzelchakra funktionsfähig ist, stehen Sie mit beiden Beinen fest im Leben und strahlen Kraft und Vitalität aus. Ihre Seele ist sicher und ruhig. Wenn das Wurzelchakra zu wenig Energie hat, hinterlassen Sie bei anderen Menschen keinen bleibenden Eindruck. Sie werden ignoriert oder übersehen. Sehr häufig ist das Wurzelchakra im Frühling nach einem langen Winter geschwächt. Das lässt sich jedoch durch frische Kräuter und durch Sonnenbaden korrigieren. Achat in Verbindung mit rotem Jaspis und etwas Mais verhelfen zu guter Bodenhaftung. Legen Sie diese Steine und ein paar Maiskörner in einen Beutel aus Baumwolle und tragen diesen bei sich.

Das 2. Chakra oder **Sakralchakra** (auch Sexualchakra) steht als »Tresor« der Lebensenergie für die Instinkte und das Zellengedächtnis. Durch dieses Chakra werden Energien nach oben zu den anderen Chakren weitergeleitet. Hier werden Ihre Sexualität und Kreativität geboren. Das Sakralchakra ist orange-gelb. Es stellt Ihr Gefühlszentrum dar und befindet sich direkt unter dem Bauchnabel. Es steht mit dem Halschakra in direkter Verbindung und reguliert zudem die Qualität der Liebe. Auch Selbstliebe hat mit diesem Chakra zu tun. Ist es aktiv, kann die körperliche und die sexuelle Lust ausgelebt werden. Ist das Chakra blockiert, werden die sexuelle Kraft und Potenz schwach. Man ist lustlos und zeigt keine sexuellen Bedürfnisse. Darunter leidet die Seele. Durch Neid von außen können Blockaden im Sakral- oder auch im Halschakra entstehen. Diese beiden Chakren hängen energetisch gesehen immer zusammen. Derartige Blockaden können Hemmungen verursachen. Ein beschädigtes Sakralchakra kann sogar die Kreativität negativ beeinflussen. Durch gelebte Sexualität werden Energiestauungen schnell entladen. Blockaden lassen sich auch durch Yogaübungen oder Meditationen beheben. Edelsteine helfen ebenfalls, die Blockaden in diesem Chakrabereich zu lösen. Ich empfehle, Jaspis-Opal-Wasser zu trinken. Nehmen Sie dazu jeweils 50 Gramm von beiden Edelsteinen und legen sie in ein Glas Wasser. Nach sechs Stunden kann das Wasser getrunken werden. Sie können jedoch auch einen Sexualchakrabeutel herstellen: Nehmen Sie Karneol und ein paar Reiskörner und legen sie in einen Beutel aus Baumwolle. Tragen Sie diesen bei sich.

Im 3. Chakra, dem **Solarplexus**, sind die karmischen Aufgaben gespeichert. Die Kundalinikraft fließt in dieses Chakra, um verschiedene Gefühle zu aktivieren. Der Solarplexus steht in erster Linie für das Karma, das Unbewusste (inneres Kind) und die Gefühlswelt.

Hier lebt das innere Kind. Dieses Chakra ist gelb-grün. Es ist wichtig, dass es aktiv bleibt. Durch Familien- oder Beziehungsprobleme kann es negativ beeinträchtigt werden. Auch durch Unterdrückung können Blockaden entstehen. Bei spirituellen Menschen können durch Stress oder Überanstrengung hier Gefühlsblockaden ausgelöst werden. Wenn dieses Chakra gut funktioniert, erleben Sie echte Lebensfreude und können sich der ganzen Welt zugehörig fühlen. Wenn dieses Zentrum geschlossen ist, sind Ihre Gefühle blockiert, und Sie könnten eine Depression entwickeln. Der Nabelbereich hat eine große Bedeutung für die Beziehung zu anderen Menschen. In jeder Beziehung zwischen zwei Menschen entstehen Bänder zwischen ihren Solarplexuschakren. Je stärker die Verbindung ist, desto fester und zahlreicher sind solche Energiebänder. Sehr häufig tritt eine Beeinträchtigung des Chakras im Herbst oder Winter auf. Man spricht dann von einer Winterdepression. Die Seele leidet. Bleiben Sie in einem solchen Fall nicht allein mit Ihrem Leiden. Sprechen Sie mit Ihren Mitmenschen. Durch Edelsteine können Sie das Chakra öffnen: Besorgen Sie sich einen Bernstein, ein Tigerauge, einen Calcit und eine Prise getrockneten grünen Tee. Legen Sie alles in einen Beutel aus Baumwolle und tragen diesen am Körper.

Im 4. Chakra, dem **Herzchakra**, das die Mitte des Körpers darstellt, geschieht die Energieverarbeitung. Es befindet sich in der Mitte des Brustkorbs. Man kann sich das Herz als eine Art Fabrik vorstellen, die Lebensenergie aufnimmt oder abgibt. Die wichtigsten seelischen Energien sind im Herzen verortet. Dieses Chakra ist grün-blau. Wenn Ihr Herzchakra geschlossen ist, können Sie nicht lieben und verlieren Geld. Das Herzchakra verbindet Energien aus dem Kosmos und von der Erde. Es ist eine Mischstation der Energien. Bei einem geschlossenen Chakra erhält man kaum Impulse bzw. Informationen von außen. Ein offenes Herz dagegen empfängt alle nötigen Strahlen. Das Herzchakra ist der Platz der Zuneigung. Hier ist alles Gute und Schlechte gespeichert. Man fragt nicht umsonst: »Was hast du auf dem Herzen?« Alle unsere Erfahrungen sind im Herzen gespeichert. Es ist das Chakra, durch welches wir lieben und leben. Heute gewinnt es immer mehr an Bedeutung. Seine Energie verbindet uns mit Mutter Natur, und wenn es geöffnet ist, können wir andere Menschen in ihrem Wesen wahrnehmen. Das erste Anzeichen für ein geschlossenes Herz ist unerklärliche Trauer. Man wird von anderen Menschen nicht mehr ernst genommen und wird unsicher. Die Öffnung dieses Chakras ist daher besonders wichtig. Sie geschieht am leichtesten durch bedingungslose Liebe, die man anderen gibt oder die man von anderen empfängt. Versuchen Sie daher, mindestens einmal am Tag einen Menschen glücklich zu machen. Es müssen keine teuren Gaben sein. Das beste Geschenk ist Aufmerksamkeit. Bedanken Sie sich bei den Menschen für ihr Dasein. Sehr häufig tritt eine kurzfristige Beeinträchtigung des Chakras durch Stress auf. Das lässt sich jedoch durch Aventurin in Verbindung mit Jade oder Malachit und ein paar Senfkörnern beheben. Legen Sie diese zusammen in einen Baumwollbeutel und tragen ihn bei sich. Erstellen Sie auch eine Liste der Menschen in Ihrer Umgebung und bedanken sich bei ihnen dafür, dass sie für Sie da sind. Schreiben Sie einfach die Namen der Personen auf und daneben Ihr Dankeschön für schöne Stunden, die sie miteinander verbracht haben. Verbrennen Sie diese Liste dann. Gönnen Sie sich auch ab und zu selbst ein Geschenk. Das öffnet Ihr Herz.

Das 5. oder **Halschakra** (auch Kehlkopfchakra) ist das Zentrum Ihrer Kommunikation. Es befindet sich auf der Höhe des Halses. Seine Farbe ist hellblau. Das Halschakra entspricht der Kreativität. Künstler, Autoren, Lehrer und Moderatoren haben fast immer ein ausgeprägtes Halschakra. Es arbeitet stets mit dem Sakralchakra zusammen. In diesen beiden Chakren sind unsere Erfahrungen aus den Inkarnationen gespeichert, die uns sprichwörtlich »im Hals stecken geblieben« sind. Im Halschakra steckt auch unsere Angst – aus diesem Leben, aber auch aus mehreren Vorleben. Ängste hat jeder

Mensch, und das ist auch menschlich. Durch die Auflösung der Blockaden in diesem Chakra können alte Ängste überwunden werden. Eine Fehlfunktion des Chakras ist häufig mit einer physischen Erkrankung der Schilddrüse verbunden. Das sollte in jedem Fall von einem Arzt überprüft werden. Ist das Chakra blockiert, mangelt es uns an Selbstwertgefühl, oder wir haben zu viel Stolz oder panische Angst. Dies wirkt sich in Komplexen aus, zu wenigen persönlichen Freundschaften oder sogar Einsamkeit. Das kann die Seele verletzen. Man vermeidet dann Kontakte zu Menschen und zieht sich komplett zurück. Eine kurzfristige Beeinträchtigung des Halschakras kann immer wieder auftreten. Das lässt sich jedoch durch Amazonit in Verbindung mit Türkis und einer Handvoll Buchweizen beheben. Legen Sie diese zusammen in einen Baumwollbeutel und tragen diesen bei sich. Auch Sprachübungen (Mantras) beheben solche Blockaden schnell. Sagen Sie fünf Minuten lang das Mantra »Om, om, om …«

Das 6. oder **Stirnchakra** stellt das 3. Auge dar. Es befindet sich in der Stirnmitte, ein wenig oberhalb der Augenbrauen. Seine Farbe ist indigoblau bis violett. Das Stirnchakra ist das Chakra der Hellsichtigkeit. Durch dieses Chakra können wir das Verborgene erfahren und hellfühlen. Ein geöffnetes Stirnchakra kann uns im Alltag sehr behilflich sein, weil wir mit seiner Hilfe in die spirituelle Welt blicken können. Es steht im Zusammenhang mit dem Intellekt. Dazu gehören unsere Fantasie, Vorstellungen und Realitäten. Durch dieses Chakra fühlen wir Energien und handeln intuitiv. Wenn das Stirnchakra blockiert ist, sind wir verwirrt oder negativ eingestellt. Das führt zu einer verzerrten Realität. Die Seele leidet dadurch. Das 3. Auge kann beispielsweise durch Meditationen geöffnet werden. Auch Lapislazuli, Sodalith oder Larimar sind in der Lage, das 3. Auge zu öffnen. Nehmen Sie einen dieser Steine und legen ihn täglich für zehn Minuten auf Ihre Stirnmitte.

Das 7. oder **Kronenchakra** ist das Zentrum unserer Weisheit. Es befindet sich am Schädel ganz oben am Kopf. Seine Farbe ist violett bis weiß. Dieses Chakra stellt eine Verbindung zum Universum und zu unserem Ursprung her. Das Kronenchakra kann durch negative Erlebnisse in diesem oder einem früheren Leben blockiert sein. Dann ist der Kanal nach oben geschlossen. Durch Auflösung der Blockaden kann die Verbindung zum Göttlichen wieder aufgenommen werden. Dieses Chakra ist der Sitz der Gefühle und des Geistes. Es verbindet den Menschen mit seiner Spiritualität. Ist das Zentrum geschlossen, erleben wir unsere Spiritualität nicht. Wir sind dann zu materialistisch eingestellt, was wiederum die Seele verletzen kann. Bei Blockaden in diesem Chakrabereich können wir nicht verstehen, was andere Menschen unter »spirituell« verstehen. Sehr häufig tritt eine kurzfristige Beeinträchtigung dieses Chakras auf. Das lässt sich jedoch durch die Arbeit mit Amethyst in Verbindung mit Bergkristall oder Heliodor und ein paar Linsen beheben. Legen Sie diese zusammen in einen Baumwollbeutel und tragen ihn bei sich.

Außerdem gibt es das 8. und das 9. Chakra. Das 8. dient dem Ich-Bewusstsein und das 9. dem Wir-Bewusstsein. Beide Chakren befinden sich ca. 15 bis 25 Zentimeter über dem exakten Zentrum des Kopfes und bestehen aus Licht. Von diesen Chakren geht eine Lichtsäule durch das Zentrum des Körpers durch alle Chakren hindurch bis unter die Füße.

Unsere Chakren drehen sich nach rechts, wenn sie Energie aufnehmen, und nach links, wenn sie Energie abgeben. Beide Drehrichtungen sind also normal. Jedes Chakra hat ganz bestimmte seelische und körperliche Aufgabengebiete. Sollte eines verstopft sein, ergeben sich daraus typische Störungen und Anzeichen körperlicher oder seelischer Natur. Die meisten Menschen sehen oder fühlen die Chakren als strahlende, sich drehende Energiekreise. Chakren haben jedoch eine mehrdimensionale innere Struktur. Sie nähren sich ge-

genseitig. Wenn eines der Chakren beeinträchtigt ist, werden alle anderen Zentren in Mitleidenschaft gezogen. Die Chakren eines gesunden Menschen sind teilweise geöffnet. Ab etwa 20 Uhr gehen alle Chakren komplett auf und schließen sich zur Hälfte gegen fünf Uhr wieder. Sollte das jedoch nicht der Fall sein und eines der Chakren komplett zugehen, muss man das verstopfte Chakra reinigen und mit neuer Energie versorgen. Hier ist eine Übung dafür: Reiben Sie Ihre Hände. Die Hände gelten ebenfalls als Chakren und sind türkis; sie sind übrigens in der heutigen Zeit aufgrund der zunehmenden Wirkung der Venusenergie sehr aktiv. Legen Sie Ihre Hände auf das Wurzelchakra, bewegen Sie sie hin und her im und gegen den Uhrzeigersinn und gehen Sie dann zum nächsten Chakra über. Stellen Sie sich vor, Sie senden Licht in jedes Chakra. Das türkise Licht fließt in die Chakren und füllt sie auf. Diese Energieübung behebt Blockaden und öffnet die Chakren.

Hier sind nun die beiden oben versprochenen Übungen, mit deren Hilfe Sie lernen können, Ihre Chakren zu spüren: Legen Sie Ihre Hände auf einen Chakrabereich und stellen Sie sich eine beliebige Farbe vor. Legen Sie die Hände zum Beispiel auf Ihr Steißbein und erspüren seine strahlende rote oder orangene Farbe. Gehen Sie alle Chakren durch. Statt Farben können Sie sich auch Blumen vorstellen, die sich langsam entfalten.

Um Ihre Energiezentren spüren zu lernen, können Sie auch so vorgehen: Stellen Sie sich gerade hin und öffnen leicht Ihre Beine. Falten Sie nun die Hände und halten Sie sie vor Ihr Herz. Bewegen Sie Ihre Hände vor dem Körper vor und zurück, ohne ihn dabei zu berühren. Sie können schon nach zwei Minuten Ihr Herzchakra fühlen. Achten Sie dabei auf Ihre Emotionen und Empfindungen.

Sie finden in diesem Buch noch viele weitere Übungen für den Alltag, die Ihnen dabei helfen, Ihr Energiekostüm an die Neuenergien anzupassen. Probieren Sie sie aus – Ihre Seele wird davon profitieren.

Ich möchte nun noch kurz auf das Chakra-Aurasystem eingehen, das man auch Aura-Immunsystem nennt. Es schützt unsere drei Körper (Körper, Geist und Seele) vor Angriffen und Belastungen und reguliert den Energiehaushalt. Zu diesem System gehören die Aura und die Chakren. Der Körper des Menschen besteht aus dem sichtbaren Leib und einem »unsichtbaren« Energiekörper. Die Aura ist eine Art Schutzkokon, ein leuchtender Energiekörper, der den sichtbaren physischen Körper durchdringt und über ihn hinausreicht. Die Aura und der physische Körper sind sehr eng miteinander verbunden. Die Aura ist der Energiemantel, der unsere drei Körper schützt. Er ist mit dem Körper verbunden und beeinflusst dessen Vitalität. Die Aura des Menschen wird schon im Mutterleib geformt. Sie besteht aus karmischen Energien der Eltern und Ahnen. Diese Energien sind im ungeborenen Körper in der Niere gespeichert. Nach der Geburt nimmt die Aura weitere Energien aus dem Universum (z.B. Prana) sowie verschiedene Energien aus der Umgebung auf. Bis zum 7. Lebensjahr wird die Aura eines Kindes vor allem durch Familienmitglieder geprägt. Sie ist sehr durchlässig. Ab dem 8. bis zum 15. Lebensjahr wird die Aura abgedichtet und verankert. Vom 16. bis zum 23. Lebensjahr verarbeiten wir unsere karmischen Muster, was unsere Aura prägt und immer mehr abdichtet. Ab dem 24. Lebensjahr ist die Aura komplett geformt und beeinflusst die weitere Entwicklung unserer Seele und unseres Körpers.

Alle Menschen sind verschieden. Der eine ist physisch stärker, der andere ist intellektueller. Jeder beherrscht seine angeborenen Fähigkeiten und bringt gewisse Impulse mit. Man kann jedoch nicht alle Impulse oder Lebensthemen in einer einzigen Inkarnation erhalten. Deshalb sollten Sie immer mit anderen Menschen im Austausch stehen und die fehlenden Impulse aufnehmen. Wenn Sie sagen: »Ich schaffe alles selbst« – wobei Sie nie alle Qualitäten alleine haben können –, zerstören Sie Ihren Ätherkörper und blockieren Ihre Seele. Lernen Sie also, Impulse von außen anzunehmen. Arbeiten Sie an Ihrer eigenen Einstellung! Seien Sie nicht zu stolz und nehmen Sie die nötige Hilfe an.

Menschen streben immer nach einem Ende und begrenzen alles im Geiste. Daher kommen viele Probleme. Die Menschheit erschuf Tausende Systeme und begrenzte sich selbst. Aber es gibt kein Ende. Die Welt ist unendlich. Keiner von uns fragt, wenn er eine Wand ansieht, wie sie riecht oder schmeckt. Man sieht nur das Materielle und konzentriert sich nur auf das, was man anfassen kann. Für einen Menschen ist es nicht schwer, in einem Käfig zu leben und sich Strukturen zu geben. Viele Menschen sagen: »Das ist mein Haus, mein Partner und meine Jacht …« Für einen entwickelten Menschen gibt es aber nur »meine Erde, mein Kosmos und meine Galaxie«. Wenn Sie Ihre Seele intakt halten wollen, sollten Sie versuchen zu denken, dass Ihnen die ganze Welt gehört. Sie sind ein Teil davon. Begrenzen Sie sich nicht. Alles ist möglich, auch das, was Ihnen unmöglich erscheint. Das erweitert Ihre Seele, die zudem durch kosmische Strahlen gestärkt wird. Kosmische Strahlen gelangen durch den Scheitel in den Körper und werden in das 3. Auge weitergeleitet. Dort, im Gehirn, werden diese Frequenzen verarbeitet und durch das Halschakra ins Herz geleitet.

Verletzungen des physischen und des astralen Körpers geschehen durch verschiedene Dinge. Doch gegen jede Verletzung ist ein »Kraut« gewachsen. Die folgenden Tipps helfen Ihnen, Ihre drei Körper – Leib, Geist und Seele – zu pflegen:

Physischer Körper:
Verletzungen geschehen durch Speisen, die Umwelt und Gewalt. Eine Heilung ist durch Kräuter, Salz und Wasser möglich.

Seele (Astraler oder Ätherkörper):

Verletzungen geschehen durch Emotionen, Karma, niedere Gedanken und Neid. Eine Heilung ist durch Musik, Düfte, Farben, Mandalas, Liebe und Edelsteine möglich.

Geist (Mental- oder Kausalkörper):

Verletzungen geschehen in erster Linie durch Sorgen und Gedanken. Eine Heilung ist durch Bildung, positive Gedanken, Meditationen und neue Ideen möglich.

In Russland arbeitet jeder Heiler mit Salz. Salz gilt als Vernichter negativer Energien. Deshalb möchte ich Ihnen an dieser Stelle eine Salzmethode aus der Baba-Walja-Heilung vorstellen: Nehmen Sie ein Kilo feines Kochsalz. Teilen Sie diese Menge in sieben Teile und füllen Sie sie in sieben Beutelchen. Beschriften Sie diese mit den Zahlen von Eins bis Sieben. Reiben Sie täglich mit diesen Beuteln je drei Minuten lang Ihre sieben Chakren ab (mit dem ersten Beutel das 1. Chakra, Unterleib, mit dem zweiten das 2. Chakra, Bauchnabelbereich, usw.). Den siebten Beutel halten Sie eine Minute lang oberhalb des Kopfes, ohne das Salz aus dem Beutel zu nehmen. Nach sieben Tagen mischen Sie das Salz aus allen Beuteln zusammen und vergraben es.

Es kann passieren, dass immer wieder fremde Energien in Ihre Seele eindringen möchten. Um das zu verhindern, sollten Sie sich regelmäßig einer Reinigung unterziehen. Das stoppt die Energieverluste Ihrer Seele. Ich empfehle dazu eine Salz-Wasser-Reinigung. Diese basiert auf den fünf Elementen. Nehmen Sie dazu ein Glas und füllen es zu einem Drittel mit Kochsalz (Element Metall) und einem Drittel mit Wasser (Element Wasser). Das obere Drittel des Glases bleibt leer (Element Luft). Das Glas selbst stellt eine geschmolzene Substanz dar und symbolisiert das Element Feuer. Stellen Sie das Glas für 30 Tage in Ihren Schlafbereich und werfen es danach weg.

Achten Sie auf die Reaktion des Salzes. Es arbeitet autonom und bindet negative Energien an sich. Sollten sich viele Kristalle im Glasinneren bilden, deutet dies auf eine mittlere Seelenbelastung hin. Sollte sich das Glas von außen mit Kristallen bedecken, ist die Belastung ziemlich stark. Wiederholen Sie in diesem Fall den Vorgang noch einmal. Werfen Sie das Glas anschließend weg oder stellen es auf die Erde (Element Erde).

Aus dem bisher Gesagten können Sie schließen, wie kraftvoll und wichtig Energiearbeit sein kann. Versuchen Sie daher, täglich etwas für Ihre Seele zu tun!

Wie stellen Sie sich Ihre Seele vor? Wo sitzt sie? Was ist der Unterschied zwischen Seele und Geist? Ich versuche, Ihnen diese Fragen bildlich zu erklären: Ihre Seele ist eine Energiematerie, die Summe aller Erfahrungen durch verschiedene Inkarnationen. Sie ist sehr groß und überall verteilt, sie hat keine konstante Form, sondern kann diese sogar verändern. Nur ein Teil von ihr ist in Ihrem Körper verankert.

Der Geist bildet den unsterblichen Kern Ihrer Seele. Er ist in der Seele. Auch er hat keine konstante Form und verändert sich von Tag zu Tag. Der Geist, der Ihre Seele bildet, ist im Gehirn verankert. Er inkarniert immer wieder, je nach Thema, an dem einen oder anderen Ort. Sie können ihn sich wie eine Feuersubstanz vorstellen. Der Geist kommt immer wieder und muss gewisse Aufgaben erledigen. So kamen Sie auf diese Erde und erledigten Leben für Leben bestimmte Aufgaben. Sie haben Kinder gezeugt, Menschen geführt, rebelliert und haben damit die Informationslücken der Seele gefüllt. Der Geist ist unsterblich.

Die Seele ist eine Mischung aus Erfahrungen der Vorleben, aus Informationen, die Ihr Geist angesammelt hat. Viele Emotionen sind in der Seele verankert. Die Seele haftet am heiligen Kern. Sie können sich die Seele daher als einen Mantel für den Geist vorstellen. Die Seele befindet sich jedoch nicht nur im Körper, sondern auch um ihn herum. Sie ist überall. Das ist für manchen schwer vorstellbar, und einige von Ihnen werden nun denken: »Wie überall?« Stellen Sie sich folgende Frage: »Wo hört das Universum auf?« Schwer zu beantworten? Nirgendwo! Das können wir uns nicht vorstellen, da Menschen immer eine Grenze haben müssen. Aber nicht alles hat eine Grenze. Die Seele kommt nicht zum ersten Mal auf diese Erde. Auch sie ist unsterblich. Geist und Seele sind unzertrennlich und bilden eine Einheit. Sie besiedelten bei Ihrer Geburt einen Körper (Ihren Leib).

Sie haben also drei Körper, die miteinander verschmolzen sind. Diese drei Körper kommunizieren mit Mutter Natur. Sie haben ein Energievolumen, Seele genannt, und den sogenannten Geist. Diese drei Körper – die drei Welten des Menschen – sind unser Thema.

1 – Der physische Körper (Leib)

Diesen **Körper** können Sie anfassen, fühlen, sehen, sich um ihn bemühen. Das tun Sie täglich. Ihr erster Körper ist dicht und besteht aus Zellen. Er ist der langsamste Körper von allen und hat eine eigene Zeit. Der physische Körper reagiert sehr träge auf verschiedene Reaktionen, z.B. auf Sport. Die Schmerzen kommen erst ein bis zwei Tage später, da die Körperreaktion genau diesen Rhythmus hat. Die Reaktion des physischen Körpers liegt zwischen mehreren Stunden und Tagen. Der Leib hat ein begrenztes Volumen und ist ein geschlossenes System. Er braucht Nahrung und arbeitet durch innere Organe. Der physische Körper hat drei Zentren, die ihn regulieren: die Steißbeingegend, den Unterleib und den Solarplexus. Die unteren Chakren sättigen sich durch Nahrungsenergie und sexuelle Energie. Wer also keinen Sex mehr hat, versucht automatisch, dieses Defizit durch Essen auszugleichen. Wenn Energie aus den unteren Chakren nicht fließt, reagiert der Solarplexus. Er gehört zu den karmischen Bereichen, in denen Energie und Erfahrung aus den Vorleben gespeichert sind.

2 – Die Seele

Sie können sie fühlen und an sie denken. In ihr sind alle Ihre Gefühle verankert. Man bezeichnet sie als astralen oder **ätherischen Körper**. Dieser ist etwas schneller als der physische **Körper**. Er befindet sich in einem anderen Rhythmus. Zu ihm gehören Ihre Emotionen, Farben, Wellen und Laute. Es liegen viele Erfahrungen in Ihrer Seele. Dieses Gedächtnis befindet sich in Ihrem Hinterkopf. Bei Kopfschmerzen meldet es sich ab und zu. Ein Beispiel: Sie wurden etwa von jemandem beleidigt und ärgern sich. Doch nach ein paar Stunden ist der Ärger verflogen, da Sie Ihre Gefühle schnell verarbeiten. Die Reaktionszeit des ätherischen Körpers liegt zwischen Minuten bis zu mehreren Stunden. Die Seele ist also schneller als der physische Körper.

3 – Der Geist

Sie können den Geist nicht sehen oder fühlen, und trotzdem ist er da. Er besteht aus einer unsterblichen Substanz, Plasma genannt. Wenn Ihr Geist auf die Erde kommt, zieht er einige Anteile (Seelenanteile) an sich, die aus der Entwicklung der Vorleben Ihres Daseins stammen. So formt sich die Seele. Der Geist ist sehr schnell und lässt Sie rasch handeln. Zu ihm gehören Ihre Gedanken und Ideen. Sie sind schneller als das Licht. Dieser **Körper** reagiert sofort. Der Geist steckt also in der Seele wie ein Finger in einem Ring. Der Ätherkörper (Seele), verknüpft mit dem Mental- und Kausalkörper (Geist), verändert sein Volumen und stellt ein offenes System dar. Seine Nahrung sind Farben, Wellen, Laute, Liebe und das Wissen.

Man kann Seele und Geist zusammen als den »spirituellen Körper« bezeichnen. Dieser spirituelle Körper ist mit unseren Chakren verbunden, die wiederum energetisch mit den Organen verknüpft sind. Wenn Ihr spiritueller Körper ausgelaugt ist, bekommen Sie oft Magen-Darm-Beschwerden. Wenn Sie an solchen leiden, sollten Sie Ihren spirituellen Körper heilen. Ein weiteres Zeichen von Energiemangel sind Nieren- und Harnwegsleiden. Diese Organe weisen auf eine Disharmonie des Äthers hin. Der Hals ist eine weitere Stelle, durch die sich der spirituelle Körper melden kann, denn Ihr spiritueller Körper kommuniziert ständig mit Ihrem physischen Körper.

Fazit: Ihre drei Körper sind durch Chakren miteinander verbunden. Wenn Ihre Seele nicht gehört wird, schreit Ihr physischer Körper sofort auf. Wenn der Geist ignoriert wird, schreit er ebenfalls. Und wenn Ihr physischer Körper vernachlässigt wird, brüllen Geist und Seele gleichzeitig. Der physische Körper ist das Kleid der Seele, und die Seele ist das Kleid des Geistes, und alles ist eins. Chakren und Aura sind mit allen drei Körpern verknüpft. Wenn Sie dieses System verstehen, werden Sie merken, wie sich Ihr Dasein verändert. Sie werden gewisse Dinge erkennen, die Sie bisher nicht gesehen haben. Sie werden dadurch eine neue Realitätswahrnehmung und eine andere Einstellung zur materiellen Welt bekommen.

Um Energiearbeit zum Wohle Ihrer drei Körper machen zu können, müssen Sie allerdings die energetischen Abläufe kennen. Nur dann können Sie sich weiterentwickeln. Der spirituelle Körper ist immer klüger als der physische, denn er weiß alles und kann sich an alle Vorleben erinnern. Der physische Körper dagegen will und kann das gar nicht! Er glaubt nicht an Veränderungen. Jeder spirituelle Körper hat seinen eigenen Rhythmus. Er hat eine wandelbare Form und einen veränderbaren Inhalt. Der physische Körper dagegen hat nur eine Form. Unser spiritueller Körper weiß also mehr als unser physischer Körper.

Alle drei Körper brauchen Nahrung. Wir nähren unseren physischen Körper mit Licht, Wärme, Speisen und Getränken.
Der Ätherkörper (Seele) nährt sich dagegen von Emotionen, Licht, Wärme und Liebe. Ohne Liebe wird die Seele traumatisiert. Liebe ist ihre einzige Nahrung. Das Wesen der Liebe ist so verschie-

den wie Speisen: Es gibt die Liebe zu sich selbst, die Liebe zu den Menschen – Kinderliebe, Partnerliebe, Elternliebe – und auch die allumfassende Liebe.

Der Geist nährt sich durch Ideen, Wissen und Bildung. Ohne Wissen entwickelt er sich nicht. Aber auch kosmische Strahlen nähren ihn. Diese Nahrung gelangt durch unsere Chakren (Energiezentren) in alle drei Körper. Sie fließt in unsere Aura und wird in der Seele und im Geist verteilt. Auch Speisen, die wir im Wortsinne essen, bringen Energie in unseren physischen Körper, wo sie durch die Verdauung freigesetzt wird. Sie fließt in die Energiebahnen (Meridiane) und dann in die Chakren. Die oben genannten »Nahrungsmittel« verändern unsere Gedanken, Energetik und die Zellen. Man sagt dazu »Transformation«.

Die Energien werden in erster Linie vom Herzen verarbeitet. Das Herzchakra ist ein Liebeschakra und das wichtigste Chakra auf der Körperebene. Es sieht wie ein Kolben aus. Liebe (Energiemischung) ist der Inhalt dieses Kolbens. Sie ist eine Substanz, die unsere Umgebung durchfluten soll. Mit der Geburt lernen wir unseren physischen Körper kennen. Unsere Strukturen im ätherischen Körper werden uns erst später bewusst. Wichtig ist, dass sie uns überhaupt bewusst werden. Wann dies geschieht, spielt keine große Rolle, da Zeit nur unser Gefühl ist.

Zum Abschluss dieser Einführung in das Geheimnis der Seele habe ich noch eine Seelen-Übung für Sie: Schließen Sie die Augen. Stellen Sie sich eine frisch gepflückte Blume vor, die Sie von oben in Ihre Aura fallen lassen. Betrachten Sie die fallende Blume. Zeichnen Sie sie nun auf ein Blatt Papier und deuten Sie das Bild: Ist die Blume nach links oder nach rechts geneigt, sind Sie ein Rationalist. Hat die Blume Dornen? Dann sind seelische Blockaden vorhanden. Die Anzahl der Blätter und deren Position am Stängel gibt an, wie viele Schwierigkeiten Sie zu meistern hatten. Je weiter unten am Stängel, desto weiter zurück liegen diese Ereignisse. Die Wurzel (falls vorhanden) gibt an, wie fest Sie im realen Leben stehen. Haben Sie keine Wurzeln gezeichnet, sind Sie eher flexibel. Wenige Wurzeln stehen jedoch auch für Wankelmut. Die Blüte gibt je nach Öffnungsgrad an, wie viel von Ihrem Potenzial Sie derzeit nutzen. Je geschlossener die Blume, desto weniger nutzten Sie. In diesem Fall sollten Sie versuchen, sich durch neues Wissen zu entwickeln.

Und hier noch eine Übung mit einer Blume: Setzen Sie sich einer anderen Person gegenüber und schließen Sie Ihre Augen. Versuchen Sie, sich auf diese Person zu konzentrieren und sich in sie einzufühlen. Schauen Sie in das Herzchakra Ihres Gegenübers und stellen Sie sich nun eine schöne Blume vor. Wenn Sie diese sehen, setzen Sie die Übung fort. Einige Menschen können die Blume ganz deutlich sehen, andere erkennen sie womöglich kaum. Schauen Sie sich diese Blume genau an. Versuchen Sie zu fühlen, wie sie riecht. Beantworten Sie dann folgende Fragen:

- Wie sieht die Blüte aus? Ist sie noch zu, offen oder öffnet sie sich gerade vor Ihren Augen?
- Zeigt sie nach oben oder hängt sie nach unten?
- Hat sie Blätter?
- Welche Farbe haben diese Blätter?
- Hat sie weitere kleine Blüten?
- Hat sie einen Stiel? Wie sieht dieser aus?
- Wie ist der Boden: matschig oder trocken? Gibt es überhaupt einen Boden?
- Verfolgen Sie die Blume mit Ihrem geistigen Auge nach unten bis zur Wurzel. Versuchen Sie, diese zu betrachten. Bekommt diese Wurzel genug Wasser?
- Ist die Erde trocken oder nass?
- Sehen Sie auch das Umfeld der Blume? Wie ist es?

Und das bedeuten die einzelnen Bilder:

- Die Blüte symbolisiert die Seelenaufgaben eines Menschen. Je nach Zustand der Blüte können Sie sehen, wie stark diese entfaltet sind.

- Wie wirkt der Duft der Blume auf Sie: angenehm oder eher unangenehm? Der Duft sagt aus, ob diese Aufgaben der Person »schmecken«.
- Die Blätter stehen für Aufgaben, die ein Mensch schon in die Tat umgesetzt hat.
- Der Stängel steht für den Lebensweg: gerade oder ungerade, kurvig oder unterbrochen?
- Die Wurzel steht für die Verbindung zur Realität. Viele Wurzeln zeigen, dass ein Mensch seine Realität erkannt hat.
- Der Boden symbolisiert die Ausgangskonditionen für sein Leben (Familienkarma).
- Das Umfeld liefert Informationen über karmische Menschen in der Nähe, über Umstände, Blockaden oder Hilfe.
- Man kann eine sehr tiefe Analyse durch die empfangenen Bilder vornehmen. Bei dieser Übung können auch Fragen gestellt werden, z.B. »Ist der neue Partner gut für diese Person?«. Wie sieht die Blume jetzt aus? Hat sie sich womöglich verändert?

LIEBE ALS SEELENNAHRUNG

»Gib der Krankheit einfach Liebe!«

SPRICHWORT

»Liebe ist das Einzige, was Gott und der Teufel zusammen erschaffen haben! Dabei spielt es keine Rolle, was man unter ›Gott‹ oder ›Teufel‹ versteht«, sagt ein Sprichwort. Liebe zerbricht und belebt Herzen. Sie ist das Einzige, das Sie dazu bringt, so zu handeln, wie Sie es sonst nie getan hätten. Viele Menschen sterben an der Liebe, und doch ist sie das Einzige, was Sie am Leben hält. Sie ist so schön, dass niemand ohne sie leben kann. Sagen Sie deshalb Ihren Mitmenschen so oft Sie nur können, dass Sie sie lieben, denn der Tag wird kommen, an dem es zu spät sein kann.

Menschen sind daran gewöhnt, gesund zu sein und achten auf den Körper erst dann, wenn er erkrankt. Genau dasselbe geschieht auch mit der menschlichen Seele. Bei kaum jemandem herrscht Harmonie zwischen Körper und Seele. Es gibt zu viele Dinge in unserem Leben, die keine Bedeutung für das Wachstum der Seele haben. Entweder schauen wir auf unsere Körper, die gepflegt und geliebt werden, und vergessen dabei unsere Seelen, oder wir schauen auf unsere Seelen und vergessen darüber unsere Körper. Beide gehören jedoch zusammen. Ein Mensch soll seinen Körper von Anfang an lieben und behüten, denn er ist das Haus seiner Seele. Wenn wir unsere Körper lieben, bleiben wir gesund. Nehmen wir uns mehr Zeit für unsere Körper, und wir werden staunen. Arbeiten wir körperlich, sollten wir auch etwas für unsere Seele tun. Weiterentwicklung gehört immer dazu. Arbeiten wir überwiegend seelisch, sollten wir immer auch auf ausreichend Bewegung achten. Der Mensch wird geboren – und zwar meistens gesund. Gesund zu sein ist der natürliche Zustand eines Lebewesens. Deshalb sollten wir auch gesund bleiben. Das Leben braucht keine Erkrankungen. Wir werden jedoch mit eigenen Erkrankungen oder den Erkrankungen anderer Menschen konfrontiert. Der Körper wünscht einem Menschen nichts Schlechtes, also ist jeder Schmerz nur eine Aktion des Körpers, um etwas in sich auszugleichen. Der Körper meldet sich, wenn die Seele übersehen oder ignoriert wurde. Jede Krankheit ist somit das Zeichen der Genesung. Oder drücken wir es so aus: Eine Erkrankung ist eine Gleichgewichtswirkung. Krankheiten werden gebraucht, um das Gleichgewichtsverhältnis auf der Erde zu erhalten. Der menschliche Körper ist wie ein Computer, er ist vorprogrammiert auf eine harmonische Funktion. Sollte diese Funktion nicht aufrechterhalten werden (wie bei einem Computervirus), z.B. durch alte Muster, schalten sich spezifische Gene ein. Diese Gene beinhalten verschiedene Erkrankungsvorlagen, die den Virus beseitigen wollen. In diesem Moment braucht der PC einen Neustart.

Unsere Seele besteht aus »Energiezellen«. Diese Energiezellen werden im schamanischen Bereich als Seelenanteile bezeichnet. Durch ein Ungleichgewicht schwinden die Seelenanteile allerdings schnell. Mithilfe verschiedener Techniken können diese Anteile jedoch zurückgeholt werden. Hier ist eine Übung dazu: Legen Sie sich bequem hin. Konzentrieren Sie sich zehn Minuten lang auf Ihr Herz und versuchen Sie, die Energien durch Gedanken auszugleichen. Sie sehen Harmonie oder auch grüne Wiesen und schöne Strände. Atmen Sie tief ein und aus. Bitten Sie alle Blockaden, den Körper zu verlassen. Ängste, unterdrückte Gefühle und Aggressionen verlassen nun Ihren Körper. Durch die Harmonisierung der Seele wird auch Ihre Aura repariert. Sie ist hell und rund. Stellen Sie sich nun vor, dass mehrere Lichtpünktchen um Sie herum schweben. Laden Sie sie ein in Ihren Körper. Das sind Ihre Seelenanteile. Genießen Sie diesen Augenblick. Machen Sie diese kurze Meditation täglich. Sie werden feststellen, dass sie Sie stärkt.

Was spielt nun eine Rolle dabei, dass Sie Ihre Seelenanteile nicht verlieren? Ihre Gefühle und Ziele sowie Ihr Charakter. Zudem ist es wichtig, immer neue Ziele vor Augen zu haben. Arbeit und Bewegung machen das Leben aus. Ständiges Feiern ist eine Krankheit. Vieles ist von oben bestimmt. Glauben Sie an die Kraft des Universums! Wer arbeitet und an das Universum glaubt, findet immer eine Antwort auf seine Fragen. Früher oder später wird er unterstützt. Finden Sie Ihren Glauben! Und vergessen Sie eines nicht: Auf jede Frage existiert eine Antwort. Wir sollten nur lernen, die Fragen richtig zu stellen.

Machen Sie täglich etwas, was Ihnen und anderen Menschen Freude bringt, dann können Sie im Alter sagen, dass Sie Ihr Leben

gelebt haben. »Manche Menschen machen ihre schönen Jahre zu
den unschönsten, damit die unschönen noch schlimmer werden«,
meinte meine Großmutter Baba Walja. Bedenken Sie diese Weisheit, und leben Sie heute und nicht morgen! Ihr Herz ist mit dem
Kosmos verbunden und Ihr Kopf mit Mutter Erde. Hören Sie auf Ihr
Herz, und Sie werden keine Fehler machen. Um den Frieden kämp-
fen sollte man ohne Gewehre. Überlegen Sie, was Frieden in Ihr
Herz bringen könnte. Denn wenn Gott wollte, dass Sie so viel denken wie heute, hätte er Ihnen zwei Köpfe gegeben. Wenn er wollte,
dass Sie viel essen, hätte er aus Ihnen eine Kuh mit vier Mägen gemacht. Wenn er wollte, dass Sie sich nicht entwickeln, hätte er aus
Ihnen eine Mumie gemacht. Was also ist Ihre Entwicklung? Sind Sie
bereit für die neuen Schritte? Dann tun Sie diese! Der Mensch sollte
sich selbst und alles um ihn herum lieben lernen. Lieben Sie sich
von Herzen! Glauben Sie nicht, dass das ganze Leben vor Ihnen
liegt! Die Zeit zwischen Jugend und Alter ist sehr kurz. Lernen Sie,
sich zu entspannen und zu leben. Lernen Sie, das Leben zu lieben.
Bedanken Sie sich beim Universum, dass Sie jeden Morgen die Natur sehen können. Solche kleinen Dankeschöns bringen Ihre Seele
zur Entfaltung. Das Leben ist nicht ohne Trauer und nicht ohne
Misserfolg. Beides gehört dazu. Aber es gibt auch schöne Augenblicke der Liebe und des Erfolges. Auch an Tagen, an denen man trau-
rig ist oder zweifelt, sollte man sich darüber freuen, dass man da ist.
Freuen Sie sich und bedanken Sie sich für Ihr Dasein! Behalten Sie
Glauben in Ihrem Herzen! So werden Sie immer einen Ausweg aus
Ihren Problemen finden.

Seelenanteile können durch Stress, Trauer, Unzufriedenheit, Sorgen
und Ängste schwinden. Es entsteht dadurch freier Platz in Ihrer
Aura, der durch Fremdenergieanteile besetzt wird. Schamanen nennen solche Zustände Besetzung. Dagegen empfehle ich Folgendes:
Befeuchten Sie Ihre Hände einmal stündlich mit Cognac. Lassen Sie
die Flasche stets offen, und werfen Sie sie nach fünf Tagen weg. Neh-

men Sie dann etwas Meersalz in beide Hände. Drücken Sie Ihre Fäuste 15 Minuten lang zusammen, und werfen Sie das Salz anschließend weg. Binden Sie danach an alle vier großen Gelenke (Hände und Füße) rote Fäden und tragen diese zehn Tage lang. Werfen Sie sie dann weg. Nun sollten Ihre verlorenen Seelenanteile wieder bei Ihnen sein.

Wir sind eins: Körper, Seele und Geist. Diese Erkenntnis muss jedem klar erscheinen, denn alles hängt zusammen. Wir werden gesund geboren und sollten gesund bleiben, doch werden wir oft krank. Wir genesen und sind mit der Fähigkeit des Selbstheilens seit der Geburt ausgestattet. Um diese Kräfte zu aktivieren, müssen wir es nur wollen. Diese Erkenntnis ist der Prozess des inneren Ausgleichs durch Auflösen der seelischen und körperlichen Ursachen. Die Krankheit zeigt nur, dass das Gleichgewicht verloren gegangen ist. Eine Erkrankung ist ein Zeichen des Körpers, ein Schrei: »Tu etwas!« Sie ist die Reaktion des Körpers, um zu zeigen, dass etwas nicht stimmt. Der Körper will sich heilen, denn Selbstheilung ist die natürliche, angeborene Fähigkeit des Körpers, sich selbst zu heilen.

Können Sie sich noch an den Unterschied zwischen den beiden Begriffen Seele und Geist erinnern? Der Geist ist eine unsterbliche Substanz, die auf die Erde kommt. Nicht umsonst sagen Sie, wenn es im Haus spukt »Es geistert etwas herum« oder »Ich habe einen Geist gespürt«. Kurz vor der Wiedergeburt sammelt dieser Geist alle Informationen, die er braucht, und alle Erfahrungen der Vorleben. Man nennt dieses Gesammelte »Karma«. Zusätzlich hat der Geist einen sogenannten Lebens- oder Seelenplan, an den er sich halten muss, um sich weiterzuentwickeln. All das ist eine Energie, die aus Erfahrungen und Plänen besteht. Das ist Ihre Seele. Man kann also sagen, dass die Seele die Summe der Taten und unerledigten Dinge in Form von Energie ist. Diese gigantische Energie ist Ihr Gut! Sie wird durch planetarische Energien genährt.

Karma ist die Summe der Taten und Einstellungen, die die Seele in vielen verschiedenen Leben gesammelt hat. Karma ist unsere Grundenergie. Denn die Charaktere der Menschen sind über Jahrtausende durch Fehler entstanden. So leben Sie in Ihrem Körper, weil Sie es sind. Es ist nichts zufällig geschehen. Akzeptieren Sie das, und lernen Sie daraus. Jeder ist ein Individuum. Jeder ist besonders, und jeder hat zu lernen. Wenn die menschliche Seele zurückgeht und das Himmelreich erreicht, wird sie dort warmherzig empfangen. Sie sieht ihr letztes Leben an. Wie einen Film genießt sie erneut alle Augenblicke, und dann sieht sie, was sie auf der Erde erreicht hat oder was sie falsch gemacht oder entschieden hat. Danach will die Seele diese Fehler korrigieren und möchte zur Erde zurück. Aber auch heute schon sollten wir uns diese Fragen stellen: »Wozu bin ich auf die Erde gekommen?«, »Was kann ich heute verändern?« und »Welche Fehler habe ich gemacht?« Um das Karma zu verarbeiten, müssen wir etwas Besonderes tun. Viele Menschen denken nur noch an Geld, Erfolg, Anerkennung. Leider beschäftigen sich nur sehr wenige Menschen mit der Seele oder spirituellen Zielen … Doch wir können uns nur mit dem Wissen transformieren, das wir gesammelt haben. Das dürfen wir mitnehmen. Dieses Wissen ist unser »geistiges Konto«. Dieses Konto wird durch Erfahrungen und durch Handlungen gefüllt. Einige haben ein Minus, andere haben ein Plus auf diesem Konto. Jeder entscheidet für sich selbst, ob er als geistiger Millionär oder als armer Schlucker geht. Jeder schreibt sein Lebensszenario selbst und ist dafür verantwortlich, ob er genug auf dem geistigen Konto angespart hat. Der geistigen Welt zufolge gestalten Menschen bis zum 28. Lebensjahr ihr Lebensprogramm, und erst danach geht es um das »Ansparen« auf dem »geistigen Konto«. Der Zweck der Inkarnationen ist die seelische Entwicklung. Und jeder sucht sich im Jenseits das Leben aus, das ihn weiterbringt und seine Seele erweitert. Für jede Mission und jeden Körper gibt es eine geeignete Seele. Sie wird genau in diesen Körper inkarnieren und nicht in irgendeinen anderen. Die Entscheidung über die Todeszeit und über Ursache des Todes wird erst später getroffen. Nach dem Ableben kehrt die Seele zurück, wo sie von anderen Seelen empfangen wird. Diese Seelen haben darum gebeten, dass sie zurück darf, es sind die Seelen der vor ihr gegangenen lieben Ahnen und Verwandten. Sie haben sich für sie eingesetzt, damit sie nach Hause kommen durfte. Klingt absurd in Ihren Ohren? Ist aber so. Wenn Menschen sterben, dürfen sie gehen. Das passiert jedoch erst dann, wenn sie ihre Aufgaben auf Erden erledigt haben.

Das alte System der Alchemie sagte:
- Das Ich-Bewusste wird durch den aufsteigenden Mondknoten genährt.
- Die Krone wird durch die Sonne genährt.
- Die Stirn wird durch den Mars genährt.
- Der Hals wird durch den Merkur und den Neptun genährt.
- Das Herz wird durch die Venus und den Mond genährt.
- Der Solarplexus wird durch den Uranus genährt.
- Das Sexualchakra wird durch die Venus, den Mond und den Pluto genährt.
- Die Wurzel wird durch den Saturn genährt.
- Die Füße werden durch den absteigenden Mondknoten genährt.

Heute sieht es anders aus:
- Das Ich-Bewusste wird durch den Jupiter und den Orion genährt.
- Die Krone wird durch den Saturn genährt.
- Die Stirn wird durch die Venus genährt.
- Der Hals wird durch den Jupiter genährt.
- Das Herz wird durch den Merkur genährt.
- Der Solarplexus wird durch den Mars genährt.
- Das Sexualchakra wird durch den Mond genährt.
- Die Wurzel wird durch die Sonne genährt.
- Die Füße werden durch die Erde genährt.

Wie Sie sehen, sind die planetarischen Kräfte sehr aktiv. Sie haben sich umgestellt, um Ihre Seele zu erweitern und zu stärken. Ihr Ich-Bewusstes wird durch den Jupiter immer tiefgründiger. Sie denken immer mehr an Ihren Lebensplan und betätigen Ihren Geist. Ihre Krone wird durch den Saturn abgesichert. So hören Sie immer mehr auf Ihre eigene Seele. Ihre Stirn wird durch die Venus auf die allumfassende Liebe umprogrammiert. Sie fühlen immer mehr, was um Sie herum geschieht und interessieren sich für Dinge, die Sie vor Jahren noch überhaupt nicht interessiert haben. Ihr Hals wird durch den Jupiter immer freier, sodass Sie Ihre eigene Meinung immer öfter vertreten und sich von anderen nicht mehr manipulieren lassen. Sie stellen sich wichtige Fragen. Ihr Herz wird durch den Merkur freier, so können Sie Ihre eigenen Ideen in die Tat umsetzen, ohne daran zu denken, was andere Menschen davon halten. Ihr Solarplexus wird durch den Mars sehr aktiv. Einige Informationen aus Ihren Vorleben kommen so immer mehr an die Oberfläche und werden Ihnen bewusst. Ihr Sexualchakra wird durch den Mond ebenfalls immer aktiver. Sie sehen die Sexualität als Energievorgang und nicht nur als Lustspiel. Immer öfter merken Sie, dass Sex und Liebe zusammengehören und nur gemeinsam Spaß machen können. Ihre Wurzel wird durch die Sonne sehr aktiv. Sie fragen sich, welches Familienmitglied was hinterlassen hat und was Sie selbst hinterlassen werden. Ihre Füße werden durch die Erde immer mehr unterstützt, damit Sie mehr Sicherheit in Ihrem Herzen finden und befreiter leben können.

Seien Sie weise, und Sie werden angesehen. Seien Sie froh, und Sie ziehen frohe Menschen in Ihr Leben. Seien Sie offen, und offene Menschen werden Ihr Leben bereichern. Arbeiten Sie, und Ihr Leben bekommt einen Sinn. Sie selbst bekommen dadurch Anerkennung. Welche Ziele haben Sie bereits erreicht? Welche haben Sie noch vor Augen? Und wenn Sie etwas beginnen, denken Sie nicht an Profit, sondern denken Sie: »Was bringt mein Tun anderen Menschen?« Das Leben ist nicht nur »Freude«, sondern auch »Trauer«. Lernen Sie, etwas abzulehnen, denn man soll nicht immer nur »Ja« sagen. Ein altes russische Sprichwort lautet: »Derjenige siegt in diesem Leben, der sich selbst besiegt hat.« Suchen Sie aktiv nach Glück! Viele Menschen haben es verlernt, sich zu freuen. Lernen Sie, Freude zu empfinden! Leben Sie Ihr Leben, und beneiden Sie nicht das Leben anderer Menschen. Schwer ist es, die Liebe, aber auch die Gleichgültigkeit zu verstecken, dafür ist es leicht, den Hass zu zeigen. Lassen Sie alles Negative los! Haben Sie keine Angst vor Freunden, im schlimmsten Fall verraten sie Sie. Haben Sie keine Angst vor Feinden, im schlimmsten Fall töten sie Sie. Haben Sie Angst vor Ignoranten und Gleichgültigen, denn durch ihr Schweigen geschehen die schlimmsten Dinge in dieser Welt. Sortieren Sie Ihre Freundschaften um! Vergessen Sie nie Ihre Träume, sie bewegen Ihr Leben. Träumen Sie! Schauen Sie nach vorne! Und letztlich – lachen Sie! Lachen reinigt die Seele. Lachen Sie deshalb mehr!

Die Menschen könnten gesund sein, wenn sie nach den kosmischen Gesetzen leben würden. Wenn ein Mensch den Glauben findet, wird er wieder fit und munter. Durch den Glauben kann er jede Erkrankung besiegen. Die menschlichen Gene tragen eine Vielzahl von Erkrankungen in sich, die heute noch gar nicht bekannt sind. Ich stelle mir oft die Frage, wie viele Krankheiten noch auf uns zukommen könnten. Es sind wohl mehr als genug, aber es hängt ausschließlich von uns selbst ab, ob diese Programme überhaupt gestartet werden oder nicht. Gestartet werden sie nur, wenn wir Menschen unsere Umwelt weiterhin vernichten und den Bezug zur Natur noch mehr verlieren. Alles liegt in unseren Händen. Die Menschen haben sich beispielsweise zu Salzessern erzogen. Alle Lebensmittel haben jedoch genug Salz in sich und sollten nicht noch extra gesalzen werden. Beachten Sie diese Weisheit! Die Natur hat den Menschen Naturheilmittel gegeben, die oft vergessen wurden. Jeder 3. Mensch leidet an Magenverstimmungen oder Darmerkrankungen. Deshalb: Essen Sie Honig. Verwenden Sie lieber Kräuter als Pillen. Essen Sie nicht zu viel. Und denken Sie an die kosmische Weisheit: »Krankheit ist immer das verlorene Gleichgewicht zwischen Körper, Geist und Seele.« ⟶ *sehr wichtig!*

Die kosmologische Lehre gibt uns folgenden Rat zur Gesunderhaltung unseres physischen Körpers: »Macht nicht eure Medizin zu eurem Essen, sondern euer Essen zu eurer Medizin.« Der geistigen Welt zufolge kommen die besten Heilmittel aus der Region, in der man lebt. Doch kann auch ein Kraut aus der Ferne Heilung bringen. Jedes Volk der Welt hat seine eigenen Rezepte und seine eigene Küche. Je südlicher es lebt, desto schärfer isst es. Schärfe bringt Südländern Heilung. Für im Norden lebende Völker dagegen ist die Schärfe kein Heilmittel. Dort ist das Essen fettreicher, somit sind Fett oder Fleisch die Heilmittel. Es gibt keine Nahrung, die grundsätzlich verboten sein sollte. Man sollte jedoch auf Fleisch kluger und entwickelter Tiere verzichten oder zumindest den Verzehr solchen Fleisches reduzieren. Dazu gehören Pferde oder Schweine. Je weiter die Seele des Tieres von der menschlichen Seele entfernt ist, desto besser geeignet ist das Fleisch für den Verzehr. Warum das so ist? Je klüger das Tier, desto stärker fühlt es seinen Tod. Dadurch werden unzählige Toxine und Hormone sowie die sogenannte »schwarze Energie« ausgeschüttet, die dem Essenden schaden. Ebenso wird von der geistigen Welt nicht empfohlen, zu oft das Fleisch wilder Tiere zu essen. Wild schmeckt zwar gut, ist jedoch kaum zum Verzehr geeignet. Eine Ausnahme ist, wenn man in der Region lebt, in der gejagt wurde und man auf das Fleisch der Tiere angewiesen ist. Tierbabys sollten auf keinen Fall verzehrt werden. Außerdem sollte man nicht zu oft fasten.

Krass!

In der Natur gibt es viele Wunder. Viele Dinge, die wir als Wunder bezeichnen, sind jedoch in der Natur normal. Ein Wunder ist für den Menschen das, was er nicht verstehen kann. Alle Wunder haben

soso?! :)

jedoch eine plausible Erklärung. Menschen erkennen immer mehr Naturgesetze, und vieles, was lange unverständlich schien, ist heute Normalität. Es gibt nichts, was unerklärlich ist. Die Menschen können nur jetzt noch nicht alles erklären. Sie stoßen oft an ihre eigenen Grenzen. Und trotzdem achten sie nicht auf die Naturgesetze – aus Bequemlichkeit oder Faulheit oder weil sie diese Gesetze nicht verstehen (wollen). So kränkeln sie vor sich hin. Der beste Heiler sind aber immer wir selbst! Der Glaube versetzt Berge! Er ist unser Heiler, egal an was wir leiden. Lieben wir unseren Körper, und wir bekommen die Liebe von ihm zurück. Gott hat uns alle gleich erschaffen, so kann jeder Mensch auch das, was der andere können sollte. Jedem ist alles zugänglich. Was stört die Genesung? Nur die Angst, nicht genesen zu können, fehlender Glaube und zu viel Stress.

Wie funktioniert nun die Liebe, die wir als Seelennahrung brauchen? Ist das Gefühl, das wir »Liebe« nennen, wichtig für mich? Ist es ein Bestandteil meines Lebens oder mangelt es mir daran? Ich werde geliebt – einfach so und nicht für etwas oder wegen etwas. Um geliebt zu werden, sollte ich mich in erster Linie selbst lieben lernen. Denn ohne Selbstliebe ziehe ich niemanden in mein Leben, der mir Liebe schenken kann. Ich liebe meine Augen und meine Charaktereigenschaften, meine Ideen und meine Mitmenschen. Ich mache mich selbst und andere täglich glücklich! Liebe ist eine Energie, die alles zusammenhält – die Energie der Erde und des Herzens, die ich als größtes Geschenk erhalten habe. Teile ich dieses Geschenk mit anderen, werde ich sehen, dass sich die Liebe entfaltet und teilt. So wird sie immer größer und überall sein. Sie wächst von Tag zu Tag und erreicht die Herzen meiner Mitmenschen. Ich sage jeden Tag zu mir selbst »Ich liebe mich« und meinen Freunden »Ich liebe euch«. Am Anfang ist das schwer. Doch merke ich schnell, dass es geht und Freude macht. – Diese Gedanken überbrachten mir Engel vor einiger Zeit. Ich möchte sie Ihnen als Denkanstoß weitergeben.

Unser Leben kann ohne Liebe nicht existieren. Die Erde gilt als der Planet der Liebessuche. Unser komplettes Leben ist eine ewige Suche nach Liebe und Verständnis. Der Lebensweg beginnt mit der Liebe der Mutter und mit jedem Tag lernen wir, weitere Menschen zu lieben. Wir sind dafür geboren. Mit der Zeit erreichen wir immer mehr Liebe auf unserem Lebensweg durch reine seelische und geistige Emotionen. Wir sind dazu geboren, diese Emotionen kennenzulernen. Der Kern der bedingungslosen Liebe ist in jedem Menschen vorhanden. Das Ziel der Inkarnationen ist, diesen Kern keimen und zu einer wunderschönen Pflanze werden zu lassen. Um die Liebe anderer zu wecken, brauchen wir gewisse Anziehungskräfte. Das bedeutet, wir streben nach ständiger Verbesserung unserer eigenen Qualitäten. Um anderen Glück zu bringen, können wir unsere Liebespotenziale erweitern und diese Liebe mit unseren Mitmenschen immer leichter teilen. Das macht uns noch glücklicher. Unser Herz bereichert sich dadurch automatisch und gewinnt an Energie. Jede negative Handlung deutet im Gegenteil auf einen Energiemangel hin und ist eine Art Hilferuf der Seele.

Was kann Ihre Seele also stärken? Das ist zunächst einmal natürlich die Selbstliebe. Sie müssen lernen, sich zu lieben und sich auf sich selbst zu fokussieren. Manche Menschen haben Probleme mit Ihrem Körper. Sie fühlen sich zu dünn oder zu dick und nicht attraktiv genug. Nehmen Sie sich so, wie Sie sind! Andere Menschen sehen Sie sowieso 40 Prozent besser, als Sie das tun. Zur Selbstliebe gehört auch, sich gesund zu erhalten. Nutzen Sie ein Smartphone? Dann merken Sie sich Folgendes: Sprechen Sie durch Lautsprecher, so erhalten Sie weniger Strahlung. Wenn Sie das Smartphone doch an Ihr Ohr halten, entscheiden Sie sich für das linke Ohr. Vermeiden Sie die Nähe zum Smartphone während des Aufladevorgangs. Nutzen Sie Ihr Smartphone nur, wenn es gut aufgeladen ist. Wenn der Akku fast leer ist, ist die Strahlung um ein Vielfaches stärker! Das behaupten verschiedene Studien. Auch der Schlaf ist ein wichtiger Bestandteil der Seelenerweiterung. Weihrauch unter dem Bett sorgt für guten Schlaf. Geben Sie einen Teelöffel Weihrauch in ein Schälchen, und lassen Sie ihn 30 Tage lang wirken. Danach werfen Sie ihn weg.

Die nächste Form der Liebe ist die **Liebe zu den Menschen.** In mei- *2.)* nen Seminaren arbeite ich oft mit verschiedenen Kartendecks zur Selbsterkenntnis meiner Schüler. Jeder zieht täglich mehrere Karten mit Farben, Krafttieren und Affirmationen und versucht, die Symbole sowie Bilder mental miteinander zu verbinden und für sich zu deuten. Sie können solche Kärtchen selbst herstellen. Nehmen Sie dazu Farbpapier (in den zehn unten aufgeführten Farben), und schneiden Sie es zu Karten in den verschiedenen Farben. Machen Sie dann Ihre Augen zu und ziehen zwei Farbkarten für die dominante und für die fehlende Aurafarbe. Deuten Sie die Farben intuitiv oder mithilfe einer Tabelle. Die erste Farbe ist die dominierende und zeigt Ihr Potenzial. Die zweite Farbe deutet Ihre Schwächen oder das an, was Ihnen fehlt.

- Blau: Glück, Schutz, Geborgenheit, Loyalität
- Braun: Geduld, Wärme, Ruhe, Familiensinn
- Gelb: Geduld, Ausdauer, versteckte Gefühle
- Grün: Anerkennung, Lebensfreude, Herzlichkeit
- Orange: Kraft, Wohlbefinden, Bewegung
- Rosa: Schutzbedürftigkeit, Empfindsamkeit, Zuwendung
- Rot: Liebe, Selbstliebe, Geborgenheit, Sicherheit
- Schwarz: Individualität, Erdung, Besitzgier
- Violett: Spiritualität, das 3. Auge, Geheimnisse
- Weiß: Karmaursachen, Los- oder Zulassen, Originalität

Solche Übungen lassen Sie sich selbst erkennen und aktivieren Ihre Liebe zu den Mitmenschen. Hier habe ich noch eine für Sie: Setzen Sie sich auf einen Stuhl, und schließen Sie Ihre Augen. Versuchen Sie, sich verschiedene Objekte, die Sie nicht besitzen, vorzustellen und einige Zeit vor Ihrem inneren Auge zu behalten:

- ein rotes/grünes/violettes Auto
- eine schwarze Pyramide oder einen Planeten wie Mars oder Saturn
- einen weißen Elefanten oder eine rosa Kuh

Wenn Sie sich das Objekt vorgestellt haben, behalten Sie es immer wieder fünf Minuten lang vor Ihrem inneren Auge und versuchen dabei, das Objekt zu fühlen. Danach machen Sie Ihre Augen auf und versuchen, das Objekt auch mit geöffneten Augen zu sehen. Überlegen Sie bei dieser Übung zu jedem Gegenstand, wofür er außer der direkten Anwendung noch benutzt werden kann. Lassen Sie Ihrer Fantasie freien Lauf.

Die dritte Form der Liebe ist die allumfassende Liebe. Sie ist das Wichtigste in Ihrem Dasein! Um sich selbst zu heilen, ist Folgendes wichtig: Stimmen Sie sich ein. Mit der bedingungslosen Liebe können Sie Ihre Selbstheilung herbeiführen. Was Sie aussenden, kehrt zu Ihnen zurück. Bedingungslose Liebe zu Ihrer Umgebung aktiviert die Selbstheilungskräfte. Bedingungslose Liebe ist ein Licht Gottes. Sie ist eine Kraft des Universums. Sie werden ein Licht – wenn Sie sich selbst heilen, bekommen Sie eine immer höhere Schwingung. Bitten Sie die Engel, dass sie Ihnen ein Licht senden. Lassen Sie dieses Licht in sich eindringen. Am besten gelingt das, wenn Sie Ihr Herzchakra öffnen, das sich in der oberen Mitte der Brust auf Höhe der Wirbelsäule befindet. Das Chakra hat die Fähigkeit, Schwingungen aufzunehmen. Sagen Sie in Gedanken: »Ich lasse bedingungslose Liebe zu.« Im Nu wird Ihr Herzchakra beginnen, sich ganz weit zu öffnen. Beobachten Sie nun Ihre Gefühle. Einiges wird gelöst. Lassen Sie das Licht herein. Lassen Sie diese Liebe fließen und beobachten Sie weiter. Zweifeln Sie dabei nicht an sich. Sagen Sie laut: »Ich bin für alles Göttliche offen.« Sagen Sie: »Ich bin die Liebe.« Nun können Sie sich vollständig verändern und Ihr Leben anders leben. Nach dem kosmischen Gesetz der Entsprechung »wie innen – so außen«, erleben Sie das Neue. Sie sind nun in der Liebe. Genießen Sie die Unterstützung des Universums voll und ganz. Das Ziel der Menschen ist es zu lieben: sich selbst, andere Menschen und Wesen, die Natur und das Universum.

Lieben zu lernen ist eine schwere Arbeit. Nur wer diese Arbeit erledigt, ist der echten Liebe würdig. Wer lieben lernt, verachtet Faulheit, Neid und Wut. Der Weg der Liebe ist der schwere Weg durch Verzicht und Befreiung. Liebe ist das Zeichen der seelischen Energie, der Reife und der Kommunikation mit dem Göttlichen. Liebe entwickelt sich nach den Phasen unserer Reife. In Indien werden diese Phasen den weiblichen Gottheiten Rati, Sati Devi, Savitri, Parvati, Sarasvati, Lakshmi und Shrimati Radharani zugeordnet.

Phase 1: Rati
Auf der ersten Stufe der Liebe befinden sich Menschen, die materielle und sexuelle Vorlieben zu ihrem Lebensziel gemacht haben. Eine Familie wird von solchen Menschen zur Erziehung der Kinder gegründet. In solchen Familien droht jedoch oft die Scheidung. Göttin Rati steht für sexuelle Anziehungskraft und Liebe zu Geld.

Phase 2: Sati Devi
Die nächste Stufe der Liebe beinhaltet die Liebe zu Kunst, Kreativität und Arbeit für die Gesellschaft. Göttin Sati ist eine Künstlerin, die die Menschenherzen erreicht.

Phase 3: Savitri
Auf dieser Stufe der Liebe ist Geld kein Ziel, sondern die Anerkennung. Man arbeitet aus Idealismus und liebt seine Ideen.

Phase 4: Parvati
Die nächsthöhere Stufe der Liebe hat mit Güte, Ehrlichkeit und Gerechtigkeit zu tun. Ein Mensch mit entwickeltem Geist bringt seiner

Umgebung sehr viel Güte entgegen. Er entwickelt seine Talente mit dem Ziel, anderen zu helfen. Er wird mutiger und weise und versteht das Weltmodell und den Kosmos. Er ist Gott dankbar für alles, was er erreicht hat. Auf dieser Entwicklungsstufe arbeiten zwei Partner zusammen wie Bruder und Schwester. Sie dienen den Menschen. Sie teilen ihre Freude mit anderen. Parvati symbolisiert Mutter Natur. Ihr Gefährte, Gott Shiva, steht für die Liebe.

Phase 5: Sarasvati

Die nächste Stufe der Liebe symbolisiert die Göttin Sarasvati, die weibliche Hälfte des Gottes Brahma, der die Welt erschuf. Auf dieser Stufe der Liebe versuchen beide Partner gemeinsam, das Göttliche zu verstehen. Menschen, die auf dieser Stufe stehen, sehen ihr Lebensziel im Dienst an Gott.

Phase 6: Lakshmi

Diese Stufe der Liebe symbolisiert die Göttin Lakshmi. Auf dieser Stufe der Liebe opfert man sich für andere. Lakshmi liebt alles Lebende. Auf dieser Stufe befanden sich alle großen Religionslehrer wie Jesus und andere Heilige.

Phase 7: Shrimati Radharani

Diese Göttin vertritt die höchste Stufe der Liebe. Das sind die schwer erreichbaren Liebesschwingungen der allumfassenden Liebe. Hier liebt man alles und alle gleich. Es gibt niemanden, der schlechter oder besser ist. Für einen Menschen auf dieser Stufe existieren kein Groll, kein Leid, keine Feinde und keine Trauer. Er liebt alles Lebende und nicht Lebende. Auf welcher Stufe der Liebe befinden Sie sich?

Fragen Sie sich auch immer wieder, wie gut es Ihnen geht. Es gibt 20 Anzeichen dafür, dass es Ihnen gut geht (auch wenn Sie das nicht merken): → sehr wichtig!

1. Sie haben ein Dach über dem Kopf.
2. Sie haben heute zu Mittag gegessen.
3. Sie haben ein gutes Herz.
4. Sie wünschen anderen nur Gutes.
5. Sie haben sauberes Wasser zum Trinken.
6. Sie haben jemanden, der sich um Sie kümmert.
7. Sie können verzeihen.
8. Sie haben saubere Wäsche.
9. Andere vertrauen Ihnen.
10. Sie atmen.
11. Ihre Kinder sind gesund.
12. Sie haben Kraft zu leben und freuen sich jeden Tag.
13. Ihre Eltern sind in Ihren Gedanken.
14. Sie haben eine Aufgabe und verschiedene Ziele.
15. Sie haben jemanden zum Reden.
16. Sie können anderen zuhören.
17. Sie können denken.
18. Sie können nachts in Ihrem eigenen Bett schlafen.
19. Sie nehmen sich Zeit für sich.
20. Sie interessiert nicht, was andere über Sie denken oder sagen.

Seien Sie dankbar für diese »selbstverständlichen« Kleinigkeiten.

OH JA!

Ihre Lebensenergie hängt von Ihrer Umgebung ab. Sie können Energien durch Emotionen oder Ereignisse verlieren. Doch auch Menschen in Ihrer Umgebung können Ihnen Energie rauben. Deshalb möchte ich Ihnen an dieser Stelle einen Test anbieten, der Sie Energievampire erkennen lässt. Um einen energetischen Vampir ausfindig zu machen, beantworten Sie folgende Fragen über eine Sie interessierende Person:

Erzählt diese Person Ihnen mehr, als Ihnen lieb ist?

Ist die Person im Gespräch taktlos?

Schweift die Person vom Thema ab?

Unterbricht Sie diese Person?

Meckert und murmelt die Person vor sich hin?

Stottert die Person?

Lispelt die Person?

Macht die Person verletzende Bemerkungen und stellt dies später als Spaß dar?

Springt die Person im Gespräch von Thema zu Thema?

Spricht die Person viel zu viel oder viel zu schnell?

Sagt die Person immer wieder »Ich weiß nicht« oder »Ist mir egal« – gleichgültig, was man sagt?

Versucht die Person im Gespräch, Sie zu erniedrigen?

Weiß die Person immer alles besser und lässt nur ihre eigene Meinung gelten?

Klatscht und tratscht die Person gerne?

Lügt die Person gerne?

Übertreibt die Person immer wieder?

Redet die Person vulgär?

Verwendet die Person häufig Fremdwörter?

Provoziert die Person in einem Gespräch?

Erzählt Ihnen die Person immer wieder etwas, was sie aufregt?

Spricht die Person takt- und niveaulos?

Jammert die Person ständig?

Spricht die Person schwer verständlich?

Spricht die Person zögerlich und jedes Wort abwägend?

Spricht die Person nur über sich?

Stellt die Person zu intime Fragen?

Weicht die Person Fragen aus?

Wirkt die Person dominant?

Ist die Person im Gespräch sehr stark zurückhaltend?

Widerspricht die Person immer?

Verletzt die Person Ihre Auragrenze?

Kreuzen Sie unbewusst Ihre Glieder im Gespräch mit dieser Person?

Haben Sie das Bedürfnis, Ihr Gesicht von dieser Person abzuwenden?

Können Sie neben dieser Person nicht ruhig stehen?

Je öfter Sie mit »Ja« antworten, desto mehr saugt der Energievampir. Mehr als 20 positive Antworten zeigen einen sehr gefährlichen Energiesauger. Vor solchen Menschen können Sie sich schützen. Hören Sie auf Ihr Herz und Ihre Intuition, und verjagen Sie Ihre Ängste. Sollten Sie einen Vampir direkt vor sich haben, bekreuzigen Sie ihn mit Ihren Augen, schauen Sie anschließend von ihm weg und legen Sie Ihre Hände überkreuzt vor die Brust und sprechen ein Gebet. Sie können auch Ihre Beine übereinanderschlagen. Energievampire halten es nicht aus, wenn Sie ihnen sehr lange in die Pupillen schauen. In der Pupille werden Sie einen kleinen springenden Schatten erkennen können. Tiere spüren Energievampire und sind in der Lage, vor solchen Menschen zu warnen. Ein Energievampir zieht Katzen und Hunde magisch an. Katzen nehmen negative Energien auf und werden unruhig, und Hunde verstecken sich oder werden aggressiv.

DIE SIEBEN JAHRESZYKLEN DER SEELE

Haben Sie schon einmal bemerkt, dass bestimmte ähnliche Ereignisse in denselben Zeiträumen jedes Jahres stattfinden? Wenn nicht, sollten Sie diese Tatsache beobachten. Vielleicht beginnen Sie, ein Tagebuch zu führen, dann können Sie einiges nachprüfen. Sie können das Wissen um die Zyklen jedenfalls ab sofort für Ihre Zukunft nutzen.

Jedes Lebensjahr besteht aus sieben Zyklen. Jeder Mensch erlebt die gleichen sieben Zyklen immer wieder. Daher kommt es auch zu den Wiederholungen der Themen. Diese Zyklen beginnen nicht am 1. Januar (am ersten Tag des Jahres), sondern an Ihrem Geburtstag. Wenn Sie diese Zyklen beachten und sich mit ihnen auskennen, können Sie Ihr Leben nicht nur vereinfachen, sondern perfekt planen. Jeder Zyklus dauert 52 Tage. Das Jahr spielt dabei keine Rolle.

Hier ist ein Beispiel: Ich bin am 10. August geboren. Das ist der 222. Tag des Jahres. An diesem Tag beginnt mein erster Zyklus.

Die folgenden Zyklen errechnen sich so: 222. Tag des Jahres (10. August) + 52 Tage = 274. Tag des Jahres (1. Oktober). Mein 1. Zyklus dauert also vom 222. Tag des Jahres (10. August) bis zum 274. Tag des Jahres (1. Oktober), und das Jahr für Jahr. Rechnen wir weiter: 1. Oktober (274. Tag) plus 52 Tage = 326. Tag des Jahres. Das ist der 22. November. Der zweite Zyklus geht also vom 1. Oktober bis zum 22. November. Weiter: 22. November (326. Tag) + 52 Tage = 378. Tag des Jahres. Da es im Jahr jedoch nur 365 Tage gibt, endet der dritte Zyklus am 13. Tag des nächsten Jahres (378 − 365 = 13, also der 13. Januar). Für den vierten Zyklus rechnen wir so: 13 + 52 = 65, also 65. Tag des Jahres (6. März); dann 65 + 52 = 117 (27.4.), 117 + 52 = 169 (18.6.) und 169 + 52 = 221 (9.8.).

Der letzte Zyklus endet einen Tag vor dem Geburtstag, ansonsten fängt jeder nächstfolgende Zyklus am selben Tag an, an dem der vorhergehende Zyklus endet, jedoch erst um 23:59. Praktisch beginnt er also am nächsten Tag. Die Zyklen gehen also sehr sanft ineinander über. Bei Schaltjahren verschiebt sich das Ganze um einen Tag, da es in diesen Jahren zusätzlich den 29. Februar als 366. Tag gibt. Sie finden im Anhang zwei Tabellen für normale und für Schaltjahre.

Hier sind die sieben Zyklen, die ich für mich ausgerechnet habe:
Zyklus 1: 10.8. − 1.10.
Zyklus 2: 1.10. − 22.11.
Zyklus 3: 22.11. − 14.1.
Zyklus 4: 14.1. − 6.3.
Zyklus 5: 6.3. − 27.4.
Zyklus 6: 27.4. − 18.6.
Zyklus 7: 18.6. − 9.8.

Sie müssen aber gar nicht selbst rechnen. Halten Sie sich an die Tabellenangaben.

Was bedeuten nun diese Zyklen, und wie können Sie das Wissen darüber verwenden?

Zyklus 1

Diese Zeit wird als Zeit der Möglichkeiten bezeichnet. Hier können Sie das Geplante und das Gewünschte durch andere Menschen in die Tat umsetzen. Nehmen Sie Hilfe an! Sie werden schützende Personen, einen neuen Job, gute Kredite und Darlehen finden, eine neue Firma oder Projekte starten oder neue Ideen umsetzen können. In dieser Phase können Sie auch zuverlässige Geschäftspartner finden und Kapital so anlegen, dass es Gewinne bringt. Während dieser Zeit sollten Sie in die Öffentlichkeit gehen und sich zeigen, aktiv sein sowie sich eine gute Reputation (einen guten Ruf) schaffen. Nutzen Sie also diese perfekte Zeit für Ihre weiteren Erfolge!

Zyklus 2

Diese Zeit wird als die Zeit der kleinen oder auch größeren Veränderungen bezeichnet. Dieser Zyklus ist gut für Reisen, sowohl private als auch geschäftliche. Er ist gut für alles, was mit Bewegung zu tun hat: Import, Export, Kauf oder Verkauf des Autos, Organisation der Ware im Lager usw. Diese Zeit ist ebenfalls günstig für öffentliche Vorträge und Veranstaltungen sowie für Präsentationen. Sie können nun die Herzen der Menschen erreichen. Zudem bringt diese Zeit eine günstige Entwicklung für alles, was mit Flüssigkeiten zu tun hat (Getränkeherstellung oder -verkauf, Benzinhandel, Sprays, Öle usw.). In diesem Zyklus sollten Sie jedoch kein neues Business starten oder den Arbeitsplatz wechseln, keine langfristigen Verträge unterzeichnen, kein Geld leihen oder verleihen, keine Aktien kaufen. Sie sollten nicht spielen und nicht an der Börse spekulieren, sonst gibt es Verluste.

Zyklus 3

Diese Zeit wird als energetische Zeit bezeichnet. Sie befinden sich in einer guten Form. Neue Energie lässt Sie handeln und ermöglicht kluge Schritte. Ihre Gesundheit verbessert sich. In dieser Phase können Sie auch Ihre Konkurrenten überholen. Wenn Sie etwas verkaufen wollen, etwa eine Wohnung, ein Haus oder ein Auto, das Sie nicht mehr haben wollen, dann handeln Sie schnell. Gewinn und Erfolg stehen Ihnen zur Seite. Was Sie nicht machen sollten: neue Beziehungen eingehen, insbesondere gilt das für Männer. Für Frauen gilt – sehen Sie sich um, suchen Sie die Menschen, die Sie unterstützen können. Gehen Sie zudem allen Konflikten aus dem Weg, und verstricken Sie sich nicht in große Diskussionen. Sonst können Sie feindliche Personen anziehen, die Ihnen das Leben schwer machen werden.

Zyklus 4

Diese Zeit wird als die Zeit der geistigen Kraft und der Seele bezeichnet. Dieser Zyklus ist sehr wichtig für kreative Menschen. Bilden Sie sich weiter, schreiben oder malen Sie etwas Neues. Sie bekommen viele Ideen, die Gold wert sind. Das Glück ist auf Ihrer Seite. Sie werden optimistischer, sind aber etwas gereizt. Achten Sie jedoch verstärkt auf Ihre Geschäftsbeziehungen (Galerien, Verleger, Geschäftspartner usw.). Gehen Sie ins Detail, und lesen Sie das Kleingedruckte. So werden Sie nicht enttäuscht oder getäuscht. Diese Zeit gilt nicht als die beste für eine Hochzeit oder große Anschaffungen. Warten Sie etwas ab.

Zyklus 5

Diese Zeit wird als Zeit des Erfolgs des Individuums bezeichnet. In diesem Zyklus können Ihre Interessen erweitert werden. Sie bekommen reale Perspektiven für eine Weiterentwicklung Ihrer Seele. Menschen hören auf Sie, schätzen Ihre Meinung, und man vertraut Ihnen. Freunde und Partner stehen zu Ihnen. In dieser Zeit sollten Sie Mut zeigen. Sprechen Sie Menschen an, auch Ihre Vorgesetzten oder Geschäftspartner. Wenn Sie etwas Gerichtliches erledigen müssen, dann ist der 5. Zyklus die beste Zeit dafür. Sie können nun auch Ihre langfristigen Projekte realisieren, die Gespräche und Reisen erfordern. Sie können investieren und Geld anlegen, auch in neue Geschäfte. Achten Sie dabei auf die rechtlichen Bestimmungen. Hier können Probleme entstehen. Beginnen Sie kein Business, das mit Fleisch oder Meeresfrüchten etc. zu tun hat. In dieser Zeit können viele Menschen zum Vegetarier werden oder abnehmen.

Zyklus 6

Diese Zeit wird als die entspannte Zeit bezeichnet. Dieser Zyklus sollte dem Lieblingshobby, dem Sport, der Erholung oder auch der Entspannung gewidmet werden. Machen Sie sich keine Sorgen um Ihre Karriere – sie bleibt bestehen. Diese Zeit ist positiv für Reisen, Freunde oder auch für eine neue Liebe. Leben Sie Ihre Kreativität aus. Gehen Sie ins Theater, in Konzerte oder ins Museum. Das beschert Ihnen noch mehr Erfolg in der Zukunft. Freundschaften und Liebesbeziehungen, die in dieser Zeit entstehen, halten lange. Männer sollten in dieser Zeit nicht geizig sein, sondern Frauen beschenken. Genau in diesem Zyklus haben Sie eine reale Chance, das Herz der Herzensdame, auch wenn sie Ihnen bisher ablehnend gegenüberstand, zu erobern. Frauen können in diesem Zyklus ihre Herzensmänner ebenfalls erobern. Zeigen Sie Interesse! Sie können gewinnbringend Ihr Geld anlegen, auch in Firmen und verschiedenen andere Projekten.

Zyklus 7

Diese Zeit wird als die kritische Zeit des Lebensjahres bezeichnet. In diesem Zyklus sollten Sie Ihre Erfahrungen prüfen. Analysieren Sie. Genau jetzt sehen Sie Ihre Fehler und erkennen Ihre wahren Freunde und Möglichkeiten. Orientieren Sie sich neu. Oft bringen radikale Veränderungen Kummer und Schmerzen, was Sie zu einem unbedachten Schritt bewegen kann. Bremsen Sie sich zunächst. Warten Sie ab. Denken Sie nach – das, was man verliert, ist das Loslassen der Vergangenheit, die Ihre Zukunft freier macht. Neue Perspektiven folgen. Lassen Sie also alte Probleme los, und sehen Sie in die Zukunft. Planen Sie. Brechen Sie nicht alte Geschäftsverbindungen ab, diese werden Sie noch brauchen. In dieser Zeit können Sie sehr pessimistisch werden. Das können Sie jedoch regulieren. Letztendlich gibt es in jedem Leben schwarze und weiße Zeiten. Sehen Sie sich um. Die Ruhezeit bringt Erfolg.

ZUR BENUTZUNG DIESES BUCHES

Bevor wir zum praktischen Teil dieses Buches kommen, gebe ich Ihnen nun die Gebrauchsanleitung, wie Sie dieses Buch benutzen und für sich nutzen können: Ich beschreibe im Folgenden die 100 besten Seelenschützer für Stresssituationen und Ängste, die uns allen vertraut sind. Eingangs benenne ich in wenigen Worten die jeweilige Situation und erläutere dann, warum sie bei Ihnen Stress verursacht. Die einzelnen Seelenschützer habe ich nach ihrer Relevanz für Ihr Leben gruppiert: Sie stehen im Mittelpunkt und von Ihnen ausgehend erweitern sich die Stressfaktoren in Ihre Umgebung – zu Ihren Beziehungen, zu Ihrer Familie, in Ihr berufliches Umfeld, in die Welt, in der Sie leben, und schließlich in unser aller Welt.

Jeder Seelenschützer schlägt eine energetische oder rituelle Abhilfe für die beschriebene Thematik vor. Sie können diese Texte auch als Denkanstöße für Ihre seelische Entwicklung lesen. Im Anschluss daran habe ich jeweils einen Tipp meiner Baba Walja genannten Großmutter aufgenommen, der aus ihrem reichen schamanischen Erfahrungsschatz stammt. Baba Walja war die Person, die mich in die Welt der Spiritualität und des Heilens eingeführt hat. Sie war und bleibt mein Vorbild. Die meisten Tipps meiner Großmutter helfen Ihnen nicht nur in der enger begrenzten Stresssituation des jeweiligen Seelenschützers weiter. Sie sind oft allgemeinerer

Natur, weshalb Sie sie auch in vielen anderen Fällen zur Stärkung Ihrer Seele zurate ziehen können.

Ich wünsche Ihnen von Herzen, dass Sie Stresssituationen, in die wir alle immer wieder geraten, mithilfe dieses Buches künftig besser in Griff bekommen und Ihre Seele vor negativen Auswirkungen bewahren können.

DIE 100 BESTEN SEELENSCHÜTZER

ICH MIT MIR ALLEIN

SEELENSCHÜTZER 1

> *Ich fühle mich oft unsicher.*

Ok, es gibt keine Sicherheit!

Das liegt daran, dass Ihre Seele nach Sicherheiten sucht, die es jedoch nie gab und auch nie geben wird. Was ist schon sicher auf dieser Welt? Nichts, außer dass Sie irgendwann sterben werden.

Energetische/rituelle Abhilfe: Sie fühlen sich unsicher? Dann beantworten Sie bitte folgende Fragen:

- Wo sitzt die Unsicherheit?
- Wann tritt sie auf?
- Wie stark ist die Unsicherheit?
- Was könnte die Unsicherheit Ihnen mitteilen wollen?

Stellen Sie sich die Unsicherheit als ein Tier vor. Welches ist es? Dann sprechen Sie mit der Unsicherheit Klartext. Füttern Sie sie gedanklich mit einer Speise und lassen sie dann gehen.

Baba Waljas Rat

Das Agnihotra-Ritual gilt in Indien als das stärkste Ritual für die Seele. Dieses Ritual ist auch in meiner Heimat Usbekistan sowie in Sibirien sehr beliebt. Dabei sieht man in die Flammen von brennendem Kuhdung. Nehmen Sie ein Gefäß aus Kupfer am besten in Pyramidenform. Legen Sie mehrere Stücke Kuhdung hinein und etwas Ghee (geklärte Butter) darauf. Zünden Sie den Kuhdung an. Die Flamme ist sehr besonders und erreicht jede Ecke Ihrer Seele. Sie fühlen Leichtigkeit schon während des Rituals. Manche Heiler legen auch verschiedene Räucherungen dazu.

SEELENSCHÜTZER 2

Ich habe Angst davor, Fehler zu machen.

Das liegt daran, dass Ihr Kopf zu voll ist und Sie Angst haben zu versagen. Dies schließt Ihre Chakren. Denken Sie immer daran: Sie machen keine Fehler, sondern lernen immer dazu. Ohne diesen Lernprozess kann sich der Mensch nicht transformieren. Auch Kinder lernen schließlich durch Fehler.

Energetische/rituelle Abhilfe: Wenn Sie einmal im Monat Ihre Chakren öffnen, werden alle geschädigten Chakren wieder aktiv. Das regeneriert Ihre Seele, verhilft zu mehr Freude im Leben und bringt Ihnen Energie. Setzen Sie sich hin. Öffnen Sie die Chakren immer von unten nach oben – fangen also mit dem Wurzelchakra an. Halten Sie zuerst die rechte Hand so über das Wurzelchakra, dass sie Ihren Körper nicht berührt. Sie können dabei stehen oder liegen. Stellen Sie sich das Wurzelchakra als rote Scheibe vor, die sich zunächst ganz langsam dreht. Sie dreht sich immer schneller. Je schneller sie sich dreht, desto mehr beginnt sie zu leuchten. Sie bekommt eine leuchtend rote Farbe. Lassen Sie die Scheibe sich in Ihrer Vision weiter drehen. Gehen Sie mit Ihrer rechten Hand an den oberen Rücken und berühren Sie den 7. Halswirbel. Gehen Sie dann zum 2. Chakra, dem Sexualchakra, über. Visualisieren Sie dabei eine orange Scheibe, die sich immer schneller dreht und irgendwann zu leuchten beginnt. Wiederholen Sie den Vorgang mit dem 7. Halswirbel auch hier. Nun gehen Sie zum 3. Chakra, dem Solarplexuschakra, über. Lassen Sie die Energie vom Wurzelchakra in das Solarplexuschakra hochsteigen. Visualisieren Sie es als gelbe Scheibe, die ebenfalls mit zunehmender Drehbewegung zu leuchten beginnt, und wiederholen Sie abschließend die Berührung des 7. Halswirbels. Als

Nächstes ist das 4. Chakra, das Herzchakra, dran, in das Sie die Energie aus dem Wurzelchakra hochsteigen lassen. Es leuchtet in grüner Farbe. Von nun an wird keine Berührung mit den Händen mehr empfohlen. Gehen Sie zum 5., dem Halschakra, über und leiten Sie ebenfalls die Energie aus dem Wurzelchakra hierher. Lassen Sie das Chakra blau leuchten. Das 6., das Stirnchakra oder 3. Auge, aktivieren Sie ebenfalls mit der Kraft des Wurzelchakras; es beginnt violett zu leuchten. Das Scheitel- oder Kronenchakra, das sich am Scheitelpunkt des Kopfes befindet, wird nun wie die anderen Chakren durch Energie aktiviert. Nachdem es in weiß-goldenem Licht zu leuchten begonnen hat, fließt seine Energie wie ein Mantel um Ihren Kopf und Körper und hüllt Sie vollständig ein. Bleiben Sie ruhig sitzen oder liegen, und genießen Sie den Zustand.

Baba Waljas Rat

Meine Großmutter schwor auf das Umarmen von Birken und Eichen. Machen das auch Sie, wenn Sie unterwegs sind, und denken Sie nicht daran, was andere Menschen in diesem Moment über Sie denken könnten. Das spielt keine Rolle. Der Vorgang bringt Ihnen einen echten Energieaustausch mit dem Geist der Flora.

SEELENSCHÜTZER 3

Ich habe Angst, etwas nicht zu schaffen.

Das liegt daran, dass Ihre Seele zu oft gekränkt wurde. Manchmal denkt man, man müsse an etwas festhalten. Doch es ist das Loslassen, das wahre Stärke zeigt.

Energetische/rituelle Abhilfe: Edelsteine unterstützen Ihre Seele bei Prozessen des Loslassens und nehmen Ihnen Ihre Ängste. Frauen wie Männer lieben Edelsteine. Sie sind beliebt wegen ihrer Farben und Fähigkeiten und werden seit Jahrtausenden auch zur Heilung eingesetzt. Alchemisten verwendeten sie in ihren Ritualen, Magier für mehr Mut und Macht, Eltern für den Schutz ihrer Kinder. Die Heilfähigkeit der Steine ist mittlerweile durch die Wissenschaft in Teilen schon bewiesen. Sie wirken in erster Linie durch Minerale. Aber nicht nur, denn die Seele eines Steines schwingt in einer Frequenz, die Heilung bringen kann. Da die Steine auch über einen Geist (Energie) verfügen, sind sie in der Lage, diese Energie an Sie weiterzuleiten. Hier ist eine interessante Übung mit Edelsteinen: Halten Sie die unten genannten Steine eine Minute lang in Ihren Händen. So können Sie verschiedene Energien aufnehmen. Verwenden Sie Achat, Chalcedon, Feueropal, Sandrose und versteinertes Holz. Damit wird Ihre Seele energetisch gesehen von Mutter Erde und dem Universum gleichzeitig unterstützt. Dies löst verschiedene Ängste.

Baba Waljas Rat

Wenn Sie Angst haben zu versagen, können Sie folgendes alte Ritual für Gewinne ausführen. Man macht es mit Zucker. Zucker zu schmelzen ist eine uralte Tradition in Sibirien. Nehmen Sie eine Pfanne und konzentrieren Sie sich auf Ihre Wünsche. Erhitzen Sie die Pfanne auf dem Herd, und geben Sie eine Handvoll Zucker hinein. Denken Sie weiter an Ihre Wünsche, und lassen Sie den Zucker schmelzen. Formen Sie aus dem geschmolzenen Zucker mehrere Lutscher, und verteilen Sie diese an Bekannte und Familienmitglieder. Dieses Ritual verbindet zwei Kräfte der Natur – Pflanzenstärke (Zucker, also Botanikum) für Wachstum und das Feuerelement für die Erfüllung Ihrer Wünsche.

SEELENSCHÜTZER 4

 Ich habe Angst vor einem Burn-out.

Das liegt daran, dass Ihre Seele nicht beweglich ist. In ihr sind einige Verletzungen gespeichert, die Ihnen andere Menschen zugefügt haben. Worte sind schließlich schärfer als eine Klinge.

Energetische/rituelle Abhilfe: Ein bisschen Burn-out gibt es nicht – das wäre genau dasselbe, wie ein bisschen schwanger zu sein. Ein Burn-out kommt meistens unerwartet. Doch liegt die Ursache dieses Übels weit zurück. Nehmen Sie sich eine Auszeit von Ihrem Alltag! Nehmen Sie auch Hilfe an, wenn Sie solche Erschöpfungszustände erleben. Eine kurze Meditation kann ebenso helfen. Setzen Sie sich dazu hin, und schließen Sie Ihre Augen. Stellen Sie sich Ihre Seele bildlich vor. Sie ist wie eine rote Rose. Versuchen Sie, die Rose zu riechen. Wenn Sie ihren Duft in der Nase haben, können Sie Ihre Augen wieder öffnen.

Baba Waljas Rat

Versagensängste können durch den Hausgeist (die Hausenergie) entstehen. Die Besänftigung des Hausgeistes durch Honig ist eine alte sibirische Methode, die schnelle Abhilfe leistet. Bienen sind nicht nur tüchtig, sondern gelten seit Jahrtausenden als magische Wesen. Um ein Kilo Honig zu produzieren, legen Sie etwa 300 000 km zurück und bestäuben mehrere Millionen Blumen. Honig wird von Schamanen sehr oft verwendet, um unruhige Hausgeister zu nähren. Geben Sie einfach etwas Naturhonig auf einen Teller und stellen diesen in die Küche. Lassen Sie ihn zehn Tage stehen. Der Hausgeist wird dadurch besänftigt.

SEELENSCHÜTZER 5

Ich bin viel zu pessimistisch.

Das liegt daran, dass Ihre Seele weder Liebe noch Treue empfindet. Wenn man Freude an der Treue hat, dann ist es Liebe. Haben Sie die echte Liebe schon gefunden?

Energetische/rituelle Abhilfe: Was wir ausstrahlen, ziehen wir auch an. Ist es nicht so? Sie kennen dieses Gesetz bereits und haben womöglich oft daran gedacht. Manche Menschen können Ihnen nur dann Energie und Seelenanteile rauben, wenn Sie Angst davor haben. Ihre Einstellungen wirken sich auf folgende Bereiche Ihres Lebens aus:

- Ihre Wahrnehmung
- Ihre Gedanken und Gefühle
- Ihren Körper und Ihr Verhalten anderen Menschen gegenüber
- Ihre Ausstrahlung
- Ihre Mitmenschen und Ihren Erfolg

Haben Sie schon einmal über Ihr eigenes Leben nachgedacht? Wofür sind Sie geboren? Schreiben Sie fünf Punkte auf, die Ihnen spontan einfallen.

Wenn Sie Ihre Einstellung bestimmten Dingen gegenüber verändern, wird Ihnen auch das, was Sie im Moment zermürbt, Spaß machen können. Ihre Einstellung zu Personen und zu Ihrem Beruf machen Ihr Leben glücklich oder unglücklich. Dabei spielt es keine Rolle, welchen Job Sie haben oder wie gut Ihnen diese Personen gesonnen sind. Von Ihrer Einstellung hängt Ihr Leben ab – ob Ihr Leben Sie begeistert, zufriedenstellt oder ob es gar unerträglich wird. Sie sind oft Opfer Ihrer Einstellung, aber das können Sie selbst ändern! Ihr Leben ist nur so, wie Sie selbst es machen und sehen. Denken Sie darüber nach: Sie haben kein Geld und freuen sich über einen Blumenstrauß. Ein Mensch, der viel Geld besitzt, freut sich über einen Blumenstrauß nicht immer. Er hat vielleicht mehrere Sträuße im Haus. Das ist die Relation. Menschen beklagen sich oft, dass dieses oder jenes nicht klappt. Sie sind unzufrieden damit, wie sie sind. LIEBEN SIE SICH oder lernen Sie, sich anzunehmen und zu lieben, so wie Sie sind. Dann werden Sie in der Lage sein, all Ihre Pläne zu verwirklichen.

Baba Waljas Rat

Viele Schamanen trinken täglich mehrere Gläser Wasser und arbeiten mit ihren Handlinien, um länger zu leben und um neue Ziele im Leben zu finden. Massieren auch Sie Ihre Hände mit einem hautfreundlichen Öl und ziehen Sie alle Linien beider Hände mit einem beliebigen Stift nach. Trinken Sie danach ein Glas Wasser.

SEELENSCHÜTZER 6

Ich gehe Entscheidungen am liebsten aus dem Weg.

Das liegt daran, dass Ihre Seele viele Seelenanteile verloren hat oder ihrer gar beraubt wurde.

Energetische/rituelle Abhilfe: Um Entscheidungsängste zu verarbeiten, brauchen Sie mehr Erdung. Stellen Sie sich täglich nach dem Aufstehen so auf den Boden, dass Ihre Füße einen 90-Grad-Winkel bilden. Die Fersen berühren sich dabei. Bleiben Sie drei Minuten lang so stehen. Stellen Sie die Füße danach parallel nebeneinander, und stellen Sie sich dabei vor, sie befinden sich im Licht. Es füllt Ihre Füße voll aus. Nun können Sie Ihren Tag beginnen.

Baba Waljas Rat

Um richtig zu entscheiden, empfahl meine Großmutter Folgendes: Gehen Sie in die Natur und suchen nach einem dürren Busch. Legen Sie einen Gegenstand, den Sie selbst täglich benutzen, an die Wurzeln des Busches. Das kann eine alte Zahnbürste oder ein Kamm sein. Gehen Sie dann nach Hause und lassen eine Kerze abbrennen. Sagen Sie beim Anzünden der Kerze: »Angst blieb in der Natur – ich bin frei von Ängsten.«

SEELENSCHÜTZER 7

 *Ich bin so sensibel.*

Das liegt daran, dass Ihre Seele sehr oft von anderen ausgenutzt wurde und kaum mehr träumt. »Wirklich reich ist, wer mehr Träume in seiner Seele hat als Realität«, sagt der Volksmund.

Energetische/rituelle Abhilfe: Wenn Sie glauben, zu sensibel zu reagieren, machen Sie Folgendes: Nehmen Sie einen kleinen Teller und legen Natron, Zimt und eine geschnittene Zitrone für zehn Tage darauf. Diese Mischung arbeitet von alleine mit Ihrer Seele. Leeren Sie den Teller anschließend.

Denken Sie immer dann, wenn Sie Ihre Sensibilität spüren, an eine schöne Zeit, die Sie mit Ihren Mitmenschen erlebt haben. Auch das hilft, die eigene Sensibilität in einer goldenen Mitte zu halten.

Baba Waljas Rat

Schamanen vollziehen verschiedene Rituale für die Seele. Sibirische Schamanen nutzen dazu die gute alte Kirsche. Ihre Kerne wirken Wunder und beruhigen die Seele. Legen Sie 33 Kirschkerne zusammen in einen Beutel und tragen diesen zwölf Tage lang am Körper. Die Zahl 33 steht für das Alter von Jesus und die Zahl zwölf für die zwölf Apostel. Verbrennen Sie anschließend den Beutel. Dieser Vorgang kann mehrmals im Jahr wiederholt werden.

SEELENSCHÜTZER **8**

Es fällt mir schwer, mich zu konzentrieren.

Das liegt daran, dass Ihre Seele sich nicht traut, gewisse Schritte zu tun. Man sagt: »Wende dein Gesicht der Sonne zu, dann fällt der Schatten hinter dich.«

Energetische/rituelle Abhilfe: Sie können mit dem Zeichen »liegende Acht« arbeiten, um sich zu fokussieren. Die liegende Acht ist das Symbol der Unendlichkeit. Sie ist das ideale Werkzeug, um sich selbst oder auch Ihre Kinder zur Ruhe zu bringen. Die liegende Acht schult u. a. die Konzentration. Kinder sind bereits nach zehn Minuten durch die liegende Acht ausgeglichen. Wenn Sie eine liegende Acht mit den Händen in die Luft zeichnen, aktivieren Sie durch die Bewegung des Körpers die Verbindung zwischen den beiden Gehirnhälften. Die Bewegung entspannt auch die Augen und fördert das Sehen. Beschreiben Sie die liegende Acht mit einer Hand in der Luft. Dazu bewegen Sie zuerst die linke Hand beginnend am Mittelpunkt der Acht gegen den Uhrzeigersinn aufwärts nach links oben und im Kreis wieder zurück zum Mittelpunkt, dann im Uhrzeigersinn aufwärts nach rechts oben und im Kreis zurück zum Startpunkt. Wichtig ist dabei, dass Ihre Augen der Handbewegung folgen, während der Kopf gerade nach vorne gerichtet bleibt und sich nur ganz leicht mitbewegt. Anschließend machen Sie das Gleiche mit der rechten Hand. Beginnen Sie wieder am Mittelpunkt, jetzt aber nach rechts oben und im Uhrzeigersinn usw. Zum Schluss beschreiben Sie die liegende Acht mit beiden Händen gleichzeitig. Achten Sie darauf, bei dieser Übung tief zu atmen.

Baba Waljas Rat

In der Früh nach dem Aufwachen sollte man nicht zu lange im Bett liegen bleiben. Darunter leidet der Erfahrung meiner Großmutter zufolge nämlich die Psyche. Wer mit dem rechten Fuß aufsteht, sorgt für einen angenehmen Tagesablauf.

Sie können aber auch Folgendes machen: Legen Sie neun Ihrer Haare, einen Geldschein und einen kleinen Magnetit in einen roten Baumwollbeutel. Tragen Sie diesen immer bei sich.

SEELENSCHÜTZER 9

Ich versuche, meine Gefühle immer unter Kontrolle zu haben.

Das liegt daran, dass Ihre Seele zu viel erlebt hat. Doch gehört die Erfahrung zu Ihnen. Wenn Sie von einem Menschen enttäuscht wurden, bedeutet das noch lange nicht, dass auch andere Menschen Sie enttäuschen werden. Wer etwas will, findet Wege, wer etwas nicht will, der findet Gründe! Eine andere Ursache kann eine Fremdbesetzung sein. Ihre Aura hat nicht zu ihr gehörende Anteile aufgenommen. Solche Fremdenergie kann auch in Ihrem Zuhause hängen.

Energetische/rituelle Abhilfe: Menschen wollen stark sein, haben jedoch Schwächen. Nehmen Sie das wahr, werden Sie diese Schwächen verarbeiten können. Wenn Sie Ihre Gefühle übermäßig stark kontrollieren, handelt es sich oft um eine fremde Energie. Schamanen nennen solche Energie »Besetzung«. Diese können Sie entfernen, dann werden Ihre Gefühle wieder normal fließen. Zünden Sie dazu eine Kerze an und sehen Sie eine Minute lang in die Flamme. Versuchen Sie, in sich selbst hineinzusehen, und fragen Sie sich: »Was fühle ich im Moment?« Je öfter Sie diese Übung machen, desto mehr Informationen erhalten Sie von Ihrer Seele. Die Flamme verbrennt die negativen Anteile der Seele und befreit sie von Lasten.

Baba Waljas Rat

Nehmen Sie ein Blatt Papier, und zeichnen Sie ein Haus. Legen Sie das Bild dann auf den Boden und zünden eine weiße Kerze an. Gehen Sie im Uhrzeigersinn um das Bild herum. Fragen Sie: »Wer wohnt hier, nur ich und meine Familie oder noch jemand?« Halten Sie dabei die Kerze oberhalb des Bildes. Wenn das durch die Kerze geschmolzene Wachs, das auf das Papier fällt, schwarz ist, ist das Haus tatsächlich besetzt. In diesem Fall sollten Sie eine Reinigung durchführen. Verbrennen Sie dazu einfach drei Lorbeerblätter, und lüften Sie danach gut durch. Stellen Sie anschließend ein Schälchen mit etwas Olivenöl für drei Tage ins Zimmer und werfen das Schälchen dann weg.

SEELENSCHÜTZER **10**

Ich mache mir oft Sorgen um nichts.

Das liegt daran, dass es Ihrer Seele an Selbstliebe mangelt. Sie traut sich nicht voranzugehen. Aber auch ein langer Weg beginnt mit dem ersten Schritt. Trauen Sie sich!

Energetische/rituelle Abhilfe: Im schamanischen Bereich gibt es eine Meditation, die gegen Kummer und Sorgen hilft. Dabei spielt es keine Rolle, ob diese grundlos oder begründet sind. Die Meditation wird als »das Spüren des leichten Todes« bezeichnet. Legen Sie sich dazu auf den Boden und schließen Sie Ihre Augen. Stellen Sie sich vor, Sie werden lebendig begraben. Vollständige Ruhe herrscht um Sie herum. Nach drei Minuten sehen Sie jedoch, dass Sie wieder herausgeholt werden und nun die Sonne sehen können. Atmen Sie die frische Luft ein und aus, und beginnen Sie Ihren Tag.

Baba Waljas Rat

In Sibirien wurden früher bei Kummer spezielle Vorgänge mit Körperflüssigkeiten (Sperma, Menstruationsblut, Blut) ausgeführt. Heutzutage sind solche Vorgänge jedoch nicht mehr gebräuchlich. Es gibt aber eine Alternative, die Sie leicht umsetzen können: Gehen Sie spazieren, und suchen Sie einen Stein. Nehmen Sie ihn mit nach Hause. Legen Sie ihn hinter die Eingangstür im Flur und lassen ihn dort liegen. Sagen Sie: »Du bist mein Kummer.« Bringen Sie den Stein am nächsten Morgen zurück in die Natur und legen ihn auf die Erde. Sagen Sie: »Ich bringe dich zurück, komme nicht mehr wieder.« Gehen Sie anschließend nach Hause.

SEELENSCHÜTZER 11

Ich habe Angst, übergangen zu werden.

Das liegt daran, dass Ihre Seele nicht fokussiert ist. Sie denken an andere und verlieren sich selbst dabei. Sie glauben womöglich, dass früher alles besser war? Machen Sie das Heute besser als das Damals! Sie sind der Herr Ihres Lebens und sind immer in der Lage, den Ort, an dem das Meer den Himmel berührt, zu erschaffen. Wenn es so weit ist, werden Sie von anderen Menschen auch gelobt, auch wenn das nicht immer so wichtig sein sollte.

Energetische/rituelle Abhilfe: Die Arbeit mit Edelsteinen wird Ihnen helfen! Steine besitzen außer der Seele und der Fähigkeit, Energie zu verändern, so wie alles auf dieser Welt auch einen Intellekt. Sie gehören zum irdischen Plan. In den Steinen lebt das Leben, unsichtbar für uns. Tragen Sie einen Bergkristall, er macht Sie sichtbar und bringt Ihnen Anerkennung.

Baba Waljas Rat

Auch meine Großmutter Baba Walja hat mit Steinen gearbeitet. Sie benutzte einen schwarzen Turmalin gegen schlechte Träume, Einschlafprobleme und gegen die negativen Wirkungen von Wasseradern. Aber auch wenn man nach mehr Anerkennung sucht, hilft der Stein. Legen Sie dazu einige Steinchen unter Ihr Bett. Die Energie der Steine wird von Ihrem Aurakostüm während des Schlafes aufgenommen. Dadurch ziehen Sie Menschen in Ihr Leben, die Sie loben.

SEELENSCHÜTZER 12

Ich bin oft ungeduldig.

Das liegt daran, dass Ihre Seele zu schnell ist. Isolieren Sie sich nicht, sondern nehmen Sie Hilfe an, denn so verarbeiten Sie Ihre Ungeduld am besten.

Energetische/rituelle Abhilfe: Die Kundalinikraft ist Ihre Lebenskraft, die durch Ihren Körper fließt. Unsere Selbstheilungskräfte schöpfen sich aus ihr ebenso unsere Fähigkeit, geduldig zu sein. Sie können diese Kraft immer wieder aktivieren. Setzen Sie sich dazu gerade hin und schließen Sie Ihre Augen. Die Handflächen sind geöffnet und zeigen nach oben. Gehen Sie alle Ihre Chakren durch. Versuchen Sie zu spüren, wie Energie durch die Chakren strömt. Stellen Sie sich einen Trichter oberhalb Ihres Kopfes vor. Versuchen Sie, die Energie aus dem Bereich des Wurzelchakras nach oben bis zu dem Trichter steigen zu lassen. Befördern Sie diese Energie so weit nach oben, dass ein Teil der Energie aus dem Trichter austritt. Behalten Sie diesen Zustand zwei Minuten lang bei. Sie können diese Energie (Heilungsenergie) ganz einfach zu sich selbst oder auch zu anderen Menschen leiten.

Baba Waljas Rat

Dieses Ritual für Geduld und Liebe kennen viele Menschen in Russland: Nehmen Sie zwei Korken, und malen Sie sie rot und weiß an. Kleben Sie sie zusammen, und sagen Sie: »Meine Geduld mit dir, deine mit mir.« Wenn Sie dieses Ritual für Liebe machen, sagen Sie: »Wir kleben zusammen für immer und lieben einander. Wir sind eins.«

SEELENSCHÜTZER **13**

 Ich bin selten zufrieden mit mir selbst.

Das liegt daran, dass Ihre Seele nicht zur Ruhe kommt. »Der zweite Platz ist der erste Verlierer«, sagt man. Müssen Sie immer siegen? Ist es so wichtig, Erster zu sein? Eher nicht. Das Wichtigste ist, dass Sie mit Ihrem Tun zufrieden sind. Was andere darüber denken, ist eher zweitrangig.

Energetische/rituelle Abhilfe: Das Ritual der Leidverbrennung ist im russischem Raum eine alte Tradition. Man arbeitet dabei mit dem sogenannten Botanikum, der Energie der Pflanzen. Das Ritual wird an einem bestimmten Tag, nämlich dem 27.3. jedes Jahres vollzogen. Die Zwei steht dabei für Ihre Leiden (dem Mond zugeordnet), die Sieben für Ihre Erdung und das Ableiten der Negativität (dem Saturn zugeordnet) und die Drei steht für die Verbrennung und die Vernichtung des Leides (dem Mars zugeordnet). Schneiden Sie im Frühling ein paar Chinagras- oder Bambusstäbe. Sie müssen frisch sein. Befreien Sie die Stäbe von den Blättern und schreiben Sie Ihren Vornamen und die Vornamen Ihnen nahestehender Menschen darauf. Lassen Sie die Stäbe mehrere Tage lang trocknen. Da das Energieniveau der lebenden Pflanze höher ist als das einer Erkrankung oder eines Leides, binden die Stäbe die krankhafte Energie an sich. Das Trocknen der Stäbe bewirkt dadurch eine Art Leidvernichtung. Stecken Sie die getrockneten Stäbe am 27. März für eine Stunde zum Ableiten der gebundenen negativen Energie in die Erde, und verbrennen Sie sie anschließend.

Baba Waljas Rat

Atmen Sie die Natur ein! So werden Sie immer mehr Energie bekommen, davon war meine Großmutter überzeugt. Gehen Sie einfach in die Natur und setzen sich auf den Boden. Machen Sie es sich bequem. Blicken Sie nun in die Sonne, und öffnen Sie Ihren Mund. Atmen Sie mehrere Male tief ein und aus. Legen Sie nun Ihre Hände auf die Erde. Versuchen Sie sie zu fühlen. Atmen Sie erneut einige Male tief ein und aus. Schon fünf Minuten reichen aus, um die Energie der Natur für einen ganzen Tag zu tanken.

SEELENSCHÜTZER 14

Ich weiß nicht, warum ich manchmal so unruhig bin.

Das liegt daran, dass Ihre Seele nicht klar sieht. Um klar zu sehen, genügt jedoch oft ein bloßer Wechsel der Blickrichtung.

Energetische/rituelle Abhilfe: Unruhe und Angst vor der Angst liegt meistens an Chakrablockaden. Solche unspezifischen Ängste können Sie durch eine energetische Massage Ihrer Zeigefinger lösen. Massieren Sie eine Woche lang Ihre beiden Zeigefinger jeweils fünf Minuten lang mit Olivenöl. Das wirkt reinigend auf die Chakren.

Baba Waljas Rat

Machen Sie folgendes Ritual: Sammeln Sie in einem Wald etwas Holz (es steht für die Mutter) und einige Blätter (sie stehen für den Vater), und verbrennen Sie sie zu Hause. Viele Unruheängste entstehen in der Kindheit, daher hilft dieser Vorgang, solche Ängste zu verbrennen. Das Element Feuer steht für das Kind. Diese Energiearbeit verbessert zudem die Kommunikation zwischen den Generationen.

SEELENSCHÜTZER 15

Meine Gedanken drehen sich oft im Kreis.

Das liegt daran, dass Ihre Seele nicht zur Ruhe kommt, weil Sie sich zu wenig Zeit für sie nehmen. Erfahrung bedeutet nichts. Jeder kann etwas jahrelang falsch machen, ohne es überhaupt zu merken. Man lernt aus seinen Fehlern. Und ob Sie sich den Kopf darüber zerbrechen oder nicht, Fehler passieren, weil sie zum Leben gehören.

Energetische/rituelle Abhilfe: Setzen Sie sich hin. Konzentrieren Sie sich auf Ihre Gedanken. Fragen Sie sich, ob es Ihnen im Moment gut geht. Analysieren Sie Ihre Gedanken nun folgendermaßen: Schreiben Sie die wichtigsten auf ein Blatt Papier, und sortieren Sie sie nach ihrer Wichtigkeit. Unterstreichen Sie einfach die Gedanken, die Ihnen am wichtigsten erscheinen. Lassen Sie das Blatt eine Stunde lang liegen, und lesen Sie dann noch einmal, was Sie aufgeschrieben haben. Sind diese Gedanken immer noch wichtig? Sie werden merken, dass Ihnen einige davon nun ganz unwichtig erscheinen. Verbrennen Sie anschließend das Blatt Papier. Beschäftigen Sie sich auch mit dem Buddhismus. Die fünf Regeln Buddhas sind: nicht töten, nicht stehlen, sexuell treu sein, nicht lügen und keine Rauschmittel verwenden. Alle diese Gebote (Glaubenssätze) dienen der Selbstfindung. Welche beachten Sie? Sollten es alle fünf sein, ist alles vollkommen in Ordnung.

Baba Waljas Rat

Die Ursache eines »Gedankenkarussells« ist oft ein falscher Schlafplatz. Schlafen Sie unruhig? Dann machen Sie Folgendes: Nehmen Sie einen Teller, und geben Sie eine Handvoll Salz darauf. Machen Sie mit einem Finger in der Mitte ein Loch, und geben Sie etwas Zucker hinein. Stecken Sie drei Streichhölzer in den Zucker, und brennen Sie sie ab. Lassen Sie den Teller mehrere Wochen lang in der Nähe Ihres Bettes stehen. Wiederholen Sie den Vorgang dann. Diese schamanische Konstruktion beseitigt negative Emotionen und Fremdenergien aus dem Zimmer. Zudem reinigt sie Ihre Aura. Hier ist eine Alternative für Ihre Wohnräume: Füllen Sie einen Teller mit Natron, Zitrone und Zimt und lassen ihn sieben Wochen lang stehen. Sie werden einen angenehmen Duft verspüren und sich besser fühlen.

SEELENSCHÜTZER 16

Ich fühle mich oft nicht anerkannt.

Das liegt daran, dass Ihre Seele neue Energie braucht. Viele Menschen hinterlassen Spuren, aber nur wenige hinterlassen Eindruck. Denken Sie immer wieder an diese weisen Worte!

Energetische/rituelle Abhilfe: Ihr Ätherkörper ist eine Substanz, die sich durch Farben, Töne und Düfte nährt. Auch das, was Sie heute anhaben, hat eine Farbe, also eine Frequenz. Farben ziehen Energie an, daher werden Sie auch dazu verwendet, Anerkennung anzuziehen. Hier ist eine Übung für diesen Zweck: Legen Sie sich hin. Stellen Sie sich nun vor, dass Sie sich etwas anderes angezogen haben. Wie fühlen Sie sich? Stellen Sie sich vor, dass das, was Sie gerade anhaben, eine weiße Farbe hat. Behalten Sie diese Vorstellung eine Minute lang vor Augen. Geben Sie Ihrer Kleidung dann eine silberne Farbe. Dies ist Ihr Schutzkleid. Gehen Sie nun alle Chakren durch. Geben Sie jedem Chakra die Silberenergie. Schicken Sie einen silbernen Strahl in jedes Chakra. Anschließend stellen Sie sich vor, dass auf Ihrer Handfläche sieben kleine grüne Pillen liegen. Schlucken Sie eine Pille nach der anderen, und lassen Sie sie zu jedem Chakra gelangen. Wenn die Pillen die Chakren erreicht haben, öffnet sich jedes Chakra automatisch wie eine Blume. Grün steht für die Heilung von Situationen und eine Blockadenlösung. Öffnen Sie nun Ihre Augen, und genießen Sie den Tag. Sie haben eine ganz starke Ausstrahlung und werden Menschen anziehen.

Baba Waljas Rat

Das Botanikum ist die Kraft (Seele) der Pflanzen. Diese ist sehr hochfrequent. Es gibt mehrere Heilvorgänge, die durch diese Kraft durchgeführt werden können. Da jede negative Situation eine niedrigere Frequenz als gesunde Materie hat, können diese niedrigen Frequenzen durch die Pflanzenkraft erhöht und überdeckt werden. Dabei geht es um eine goldene Mitte. Pflanzen beinhalten Photonen, die Energie in Ihren Körper und Ihre Seele bringen.

Um vom Botanikum der Pflanzen zu profitieren, können Sie beispielsweise:

- keimende Samen oder Körner auf ein von Ihnen getragenes Kleidungsstück legen.
- Samen einer Pflanze mit dem Problem besprechen und keimen lassen. Danach sollten Sie sie eingehen lassen.
- diese Energie mit einem Tensor auf sich einschwingen.
- mehrere Pflanzen für einen Kranken einpflanzen, damit er schneller genesen kann.
- eine blühende Pflanze für Liebe und Anerkennung auf ein Bild platzieren.
- Geranien im Schlafzimmer platzieren, um für eine gewünschte Schwangerschaft zu sorgen.
- Kränze für ein Problem herstellen und vertrocknen lassen.

SEELENSCHÜTZER 17

Ich habe Schwierigkeiten damit, Ziele im Leben zu finden.

Das liegt daran, dass Ihre Seele zu sehr an der Vergangenheit hängt. Die Vergangenheit ist jedoch Geschichte, die Zukunft ein Geheimnis und jeder Augenblick ein Geschenk.

Energetische/rituelle Abhilfe: Es gibt viele Energien, die Ihre Seele beeinträchtigen oder gar zerstören können. Dazu gehören Neid und Hass. Sie stören Sie dabei, Ihre Ziele zu erkennen. Dagegen hilft autogenes Training, eine auf Autosuggestion basierende Technik zur Entspannung. Diese Technik wurde vom deutschen Psychiater Johannes Heinrich Schultz in den 1920er-Jahren aus der Hypnose heraus entwickelt. Sie können das autogene Training erlernen, indem Sie eines der vielen Bücher zu diesem Thema zurate ziehen. Hier möchte ich Ihnen eine kurze Anleitung geben: Setzen Sie sich zu Beginn des Trainings bequem hin. Sie sitzen mit gesenktem, nach vorn gebeugtem Kopf da, die Hände ruhen entspannt auf den Oberschenkeln. Entspannen Sie sich. Die Übungen bestehen aus kurzen Vorstellungen, die Sie sich mehrere Male durch den Kopf gehen lassen oder auch laut vorsagen können. Dabei versuchen Sie, sich diese Bilder möglichst intensiv vorzustellen bzw. zu visualisieren.

Jede dieser Übungen ruft nacheinander folgende Zustände hervor:
- Ruhe
- Schwere und Wärme in Armen und Beinen
- Beruhigung des Pulses und der Atmung
- Wärme in der Herzgegend
- Kühle der Stirn durch Autosuggestion

Baba Waljas Rat

Wer sich transformiert und weiterentwickelt, findet neue Ziele. Um sich zu transformieren und das eigene Bewusstsein zu
erweitern, empfehlen Schamanen die Arbeit mit dem innerem Kind
und Aufstellungen. Schreiben Sie dazu auf mehrere Zettel Begriffe
wie Arbeit, Familie, Ich, Freude, Ziel, Zufriedenheit usw. und legen
Sie die Zettel umgedreht auf den Tisch. Nehmen Sie nun beliebige
Gegenstände, z.B. aus Ihrer Handtasche, und legen Sie diese auf die
Zettel. Verbinden Sie nun die Begriffe mit den Bezeichnungen der
Gegenstände, z.B. Freude-Flasche (Freude füllt eine Flasche, Sie haben also Freude in sich). Wenn die Flasche leer ist, dann haben Sie
im Moment zu wenig Freude. Arbeiten Sie gezielt daran,
Freude zu empfinden.

SEELENSCHÜTZER 18

Ich habe das Gefühl, nicht ernst genommen zu werden.

Das liegt daran, dass Ihre Seele rebelliert. Ihr fehlt es an Erkenntnissen und Ruhe. Staunen ist der Anfang jeder Erkenntnis. Fangen Sie an zu staunen!

Energetische/rituelle Abhilfe: Es gibt Menschen, die wie Kobolde unter der Erde der Erkenntnisse leben, und es gibt Menschen, die auf den Wolken der Erkenntnisse leben wie Engel. Wer Erkenntnisse sammelt, entwickelt sich schnell. Bleiben Sie Ihrer Meinung treu, und verlassen Sie sich auf Ihr Herz. Schließlich ist es nicht so wichtig, ob andere Sie ernst nehmen oder ignorieren. Für die Ruhe der Seele können Sie Folgendes machen: Stellen Sie drei weiße Kerzen nebeneinander, und zünden Sie sie an. Lassen Sie die Kerzen abbrennen. Formen Sie aus den Resten des Wachses eine kleine Kugel, und rollen Sie diese über Ihren Körper. Werfen Sie die Kugel anschließend weg oder in ein offenes Feuer. Dieser Vorgang stärkt Ihre Seele.

Baba Waljas Rat

Denken Sie an die Situationen, in denen Sie sich nicht ernst genommen fühlen. Stechen Sie dabei mit einem Messer mehrmals in die Erde. Lassen Sie das Messer in der Erde stecken. Dieser Vorgang leitet das Leiden Ihrer Seele ab in die Erde.

SEELENSCHÜTZER **19**

 Ich bin enttäuscht von mir selbst.

Das liegt daran, dass Ihre Seele zu viele Ansprüche hat. Es ist die Frage, ob man bereit ist, einen Weg zusammen zu gehen, oder ob man zwei Wege geht, die niemals zusammenfinden. Entscheiden Sie sich für Ihre eigenen Wege!

Energetische/rituelle Abhilfe: Einiges im Leben ist konkret messbar:
- Was Sie fühlen, das leben Sie.
- Was Sie denken, das fühlen Sie.
- Was Sie denken, das strahlen Sie aus.
- Was Sie ausstrahlen, das ziehen Sie an.
- Was Sie glauben, das bekommen Sie.

Man bekommt also das, was man glaubt und nicht das, was man will. Schreiben Sie drei Sätze auf; formulieren Sie genau das, was Sie gerade denken. Schreiben Sie auf, was Ihnen guttun würde.

Baba Waljas Rat

Um Selbstenttäuschungen zu vermeiden, gibt es ein einfaches Ritual. Das gleiche Ritual empfahl meine Großmutter auch Paaren, um ihr Glück zu erhalten. Gehen Sie dazu auf eine Hochzeit. Nehmen Sie Krümel des Hochzeitskuchens von dort mit, und streuen Sie diese an den Eingang Ihrer Wohnung. Legen Sie ein paar Beeren dazu. Sagen Sie: »Die Beeren sind sauer – nicht eingeladene Gäste bleiben weg.« Damit sind die Enttäuschungen gemeint.

SEELENSCHÜTZER 20

Meine Gedanken machen sich oft selbstständig.

Das liegt daran, dass Ihre Seele sich verzettelt hat. Das Glück Ihres Lebens hängt von der Beschaffenheit Ihrer Gedanken ab. Sortieren Sie sie!

Energetische/rituelle Abhilfe: Um Gedanken zu sortieren, reicht es, öfters klassische Musik zu hören. Sie reinigt Ihre Seele. Und noch ein Tipp: Lassen Sie Ihre abgeschnittenen Nägel und Haare nicht irgendwo herumliegen, denn sie tragen immer noch Ihre Energie. Das verwirrt. Verbrennen oder vergraben Sie sie am besten am gleichen Tag.

Baba Waljas Rat

Lassen Sie nicht zu, dass jemand sich die Haare bei Ihnen zu Hause kämmt. Ausgefallene fremde Haare ziehen Energie an und erzeugen zu viele fremden Gedanken bei Ihnen.

SEELENSCHÜTZER 21

Ich komme nicht los von alten Erinnerungen.

Das liegt daran, dass Ihre Seele in der Vergangenheit hängen geblieben ist und sich nicht auf die Zukunft freuen kann. Die Erinnerung ist das einzige Paradies, aus dem wir nicht vertrieben werden können. Wenn es sich aber um negative Erinnerungen handelt, sollten wir versuchen, sie zu vertreiben.

Energetische/rituelle Abhilfe: Fragen Sie sich: Wie viele Seelen sind in Ihrer Aura? Sind es zu viele, versuchen Sie, sich von ihnen zu befreien. Nehmen Sie dazu Fotos der Personen, die Sie beschäftigen. Das können sowohl lebende, aber auch verstorbene Personen sein. Sehen Sie in die Augen dieser Personen, durch die Pupillen direkt in das Gehirn. Sagen Sie: »Du lässt mich und meine Seele los.« Flechten Sie anschließend einen Kranz aus frischen Zweigen eines Baumes oder Strauches und werfen ihn, ohne etwas zu sagen, in einen Fluss.

Baba Waljas Rat

Alte Erinnerungen können Baba Walja zufolge gut in einer Kirche verarbeitet werden. Wenn Sie zur Kirche gehen, sollten Sie in Ihren Haaren nichts Metallisches stecken haben und auch keine Ringe tragen. Dann kann gute Heilenergie in Sie fließen, die Erinnerungen verarbeitet.

SEELENSCHÜTZER 22

Ich finde mich nicht attraktiv.

Das liegt daran, dass Ihre Seele vergessen hat, wie einzigartig sie ist. Wenn Sie etwas lieben, lassen Sie es frei. Kommt es zu Ihnen zurück, gehört es Ihnen; wenn nicht, hat es Ihnen nie gehört.

Energetische/rituelle Abhilfe: Einige Dinge in Ihrem Leben beschleunigen die Prozesse der Alterung Ihres Körpers. Dazu gehört die Angst, nicht schön zu sein. Aber auch zu viel Sonne, eine falsche Ernährung oder auch das Verwenden von falschen Kosmetika können dafür verantwortlich sein. Die Haut verliert ihre Elastizität und altert schneller. Versuchen Sie es mit Naturkosmetik! Folgende Maske ist einfach herzustellen und ideal für alternde Haut: Sie brauchen lediglich einen Esslöffel Honig, drei Esslöffel Reis und einen Esslöffel Milch. Geben Sie den Reis in einen Topf und ein Glas Wasser dazu. Kochen Sie beides auf und lassen es eine Stunde lang ziehen. Gießen Sie das Wasser dann ab und fügen Honig und Milch zum Reis hinzu. Vermischen Sie alles zu einem Brei. Tragen Sie die Maske auf Ihre Haut auf, und lassen Sie sie 15 Minuten lang wirken. Waschen Sie das Gesicht danach ab. Wenn Sie diese Maske ein Mal pro Woche verwenden, werden Sie bald viel jünger aussehen. Ihre Ausstrahlung verbessert sich ebenfalls.

Baba Waljas Rat

Meine Großmutter ging gerne in die Kirche, um ihre Seele zu stabilisieren. Das sollten Sie auch tun. Bevor Sie eine Kirche betreten, bitten Sie die geistige Welt um Verzeihung. In der Kirche sehen Sie sich kurz um und kaufen 40 Kerzen. Stellen Sie diese Kerzen für all diejenigen auf, an die Sie gerade denken. Das können sowohl lebende Menschen als auch verstorbene Ahnen sein. Die letzte Kerze wird für Mutter Maria aufgestellt. Nehmen Sie die übrig gebliebenen Kerzen mit nach Hause. Stellen Sie eine der mitgebrachten Kerzen ans Fenster, und lassen Sie sie abbrennen. Zünden Sie danach die nächste Kerze an, und verlassen Sie mit ihr das Haus. Bewegen Sie die Kerze vor der linken Seite der Haustür von oben nach unten. Danach gehen Sie wieder hinein und machen dieselbe Bewegung drinnen. Löschen Sie die Kerze mit nassen Fingern. Das können Sie jeden Tag tun, bis die Kerze komplett abgebrannt ist. Dieser Vorgang schützt Ihr Heim vor negativen Menschen und lässt Sie an sich und die eigene Schönheit glauben.

SEELENSCHÜTZER 23

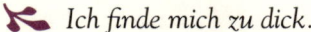 *Ich finde mich zu dick.*

Das liegt daran, dass Ihre Seele sich ungeschützt fühlt und eine Art Schutzwand aufbaut. Fehlende Liebe zum eigenen Körper und eine falsche Ernährungsweise spielen ebenso eine große Rolle.

Energetische/rituelle Abhilfe: Der Augenblick ist zeitlos. Schamanen sprechen sowohl von der Zeit als auch von Räumen. Unser Körper ist daher für sie auch nur das, was wir als Realität wahrnehmen. Andere Menschen sehen uns immer anders, als wir uns selbst sehen. Manchen erscheinen wir dicker als wir sind und anderen dünner. In der Regel werden wir von anderen Menschen etwa 40 Prozent positiver wahrgenommen, als wir es sind. Wir werden nur nach unserer Ausstrahlung gesehen. Um diese zu stärken, können wir mit den »sieben Plänen des Daseins« arbeiten. Das ist eine Meditation. Legen Sie sich dazu hin. Stellen Sie sich vor, Sie sind ein Stein. Das ist der erste Plan des Daseins. Versuchen Sie, ruhig zu liegen und sich nicht zu bewegen. Dann stellen Sie sich als Pflanze vor, die wächst. Das ist der zweite Plan des Daseins. Stellen Sie sich nun als Mensch vor. Atmen Sie tief ein und aus. Das ist Ihr jetziger Zustand – der dritte Plan des Daseins. Gehen Sie anschließend in den vierten Plan des Daseins über. Das ist die Welt der Ahnen und der Verstorbenen. Stellen Sie sich vor, Sie sind als energetische Substanz in dieser Welt. Genießen Sie die Leichtigkeit. Nun steigen Sie auf in den fünften Plan des Daseins und stellen sich als Engel vor. Jetzt können Sie nicht nur die Leichtigkeit spüren, sondern auch energetisch strahlen. Sie steigen weiter zum sechsten Plan des Daseins auf und verwandeln sich in ein wunderschönes Wesen aus Licht – in einen Erzengel. Nun sehen Sie alles von oben – alle Menschen und alle

Länder. Sie können Energiearbeit verrichten und jedem Menschen auf der Erde Kraft senden. Gehen Sie nun zum letzten, dem siebten Plan des Daseins, über. Das ist der Plan des Kosmos und Gottes. Nun sind Sie überall. Sie sehen Galaxien und bestehen aus unendlichem Licht. Genießen Sie den Zustand einige Minuten lang, und gehen Sie dann aus der Vision zurück ins Jetzt. Sie fühlen sich leichter und schweben durch den Tag.

Baba Waljas Rat

Wenn Sie den Wunsch haben abzunehmen, können Sie Folgendes machen: Schreiben Sie Ihr Wunschgewicht auf einen Zettel. Legen Sie diesen auf Ihre linke Handfläche. Stellen Sie sich vor, dass diese Information den Zettel verlässt und in Ihre Hand fließt. Sie arbeitet ab sofort mit Ihrem Körper und macht ihn schlank. Pusten Sie auf die Hand. Stellen Sie sich vor, dass der Wunsch sich überall um Ihren Körper verteilt. Sie können auch für einen anderen Menschen wünschen, dann müssen Sie aber in die Richtung dieser Person pusten. Meiner Großmutter zufolge kann jeder Wunsch nach Gesundheit und Kraft auf diese Weise zur Erfüllung gebracht werden.

SEELENSCHÜTZER 24

Mit Schmerzen kann ich nicht gut umgehen.

Das liegt daran, dass Ihre Seele alte Erinnerungen aus den Vorleben mitschleppt. Dies blockiert Ihre Chakren. Lassen Sie solche Erinnerungen los.

Energetische/rituelle Abhilfe: Das Öffnen und Schließen der Chakren befreit von der Angst vor Schmerzen. Gehen Sie folgendermaßen vor: Legen Sie sich an einem ruhigen Ort auf den Rücken. Atmen Sie langsam und regelmäßig ein und aus. Schließen Sie Ihre Augen. Versuchen Sie, Ihre Wirbelsäule zu fühlen. Stellen Sie sich vor, dass auf Ihrer Wirbelsäule sieben schöne Blumen blühen. Sie entscheiden, welche das sind. Visualisieren Sie, dass die kosmische Energie auf Ihre Blumen strahlt und diese wachsen lässt. Beginnen Sie mit der untersten Blume, die im Bereich Ihres Wurzelchakras wächst. Spüren Sie, wie die Sonnenstrahlen die Blume berühren. Sie blüht langsam auf und ist unbeschreiblich schön. Es wurde gerade das Wurzelchakra geöffnet. Die Strahlen der Sonne gleiten weiter nach oben zum Sexualchakra, auch diese Blume blüht nun auf. Die Sonnenstrahlen (Energie) erreichen dann das Nabelchakra, und die dritte Blume öffnet sich. Nacheinander berühren die Sonnenstrahlen alle sieben Knospen und bringen Ihre Chakrablüten zum Aufblühen. Genießen Sie das ein paar Minuten lang. Auf Ihrer Wirbelsäule blühen jetzt sieben Blumen in leuchtenden Farben. Sehen Sie sie sich an. Dann schließen Sie die Chakren wieder. Beginnen Sie mit dem Kronenchakra. Die Sonnenstrahlen gleiten über jede Blüte hinweg, wodurch sich die Blütenblätter halb schließen, eine Blüte nach der anderen. Fühlen Sie, wie die Sonnenstrahlen das Wurzelchakra erreichen. Bleiben Sie danach noch liegen. Öffnen Sie dann langsam Ihre Augen.

Baba Waljas Rat

Um neue Energie zu tanken, empfahl meine Großmutter dieses Ritual mit Streichhölzern: Zünden Sie ein Streichholz an, atmen Sie in die Flamme und stellen sich dabei vor, dass alles Negative verbrannt wird. Stecken Sie das Streichholz danach in die Erde. Sie können jedoch auch geistig arbeiten. Gehen Sie in einen Wald und suchen nach einem Baumstumpf. Steigen Sie auf ihn und stellen sich vor, Sie sind der Baum. Stellen Sie sich nun vor, dass Sie viele Wurzeln in die Erde wachsen lassen. Nun können Sie Energie tanken.

SEELENSCHÜTZER 25

Ich grüble immerzu.

Das liegt daran, dass Ihre Seele keine Ruhe findet und so immer neue Ängste entstehen, die von anderen projiziert werden. Fürchten Sie sich nicht vor dem langsamen Vorwärtsgehen, fürchten Sie sich nur vor dem Stehenbleiben. Bleiben Sie deshalb immer in Bewegung!

Energetische/rituelle Abhilfe: Warum zerbrechen Sie sich oft den Kopf wegen etwas, das nie geschehen kann? Grübeln Sie oft über Ihr Leben nach? Oder darüber, wie es morgen weitergehen wird? Leben Sie im Jetzt oder in der Zukunft? Haben Sie Angst wegen Ihres leeren Magens, oder denken Sie nur über einen Mangel nach? Menschen zerbrechen sich oft den Kopf über Dinge, die nie geschehen werden. Ich habe vor Kurzem mit einer Kundin telefoniert, die mehr als 30 Immobilien vermietet hat. Sie befürchtet, das Geld zu verlieren und zu verhungern. Diese Angst nistete sich bei ihr ein, als ihre beste Freundin verwitwete. Sie verkaufte ihr Haus, um in einer Waldhütte zu leben. Sie war glücklich, in der Natur zu sein, lebte ohne Luxus, und es war ihr egal, was andere Menschen über sie sagten. Nun überlegte meine Kundin, was wäre, wenn sie ebenfalls alles verlieren würde. Sie steigerte sich immer mehr in ihre Ängste hinein. Sie wollte nicht in einem Wald leben. Sie versank in ihren Gedanken. Doch braucht man solche Gedanken, die den Geist ruinieren? Natürlich nicht! Man kann überall leben, sagte ich zu ihr, auch ohne etwas zu vermieten. Man kann auch überall glücklich werden, auch in einem Gefängnis oder in einem Wald. Viele Ängste existieren nur im Kopf, und wenn man sich mit ihnen auseinandersetzt und analysiert, was wäre, wenn das Befürchtete einträfe, merkt man sofort, dass man sich den Kopf völlig umsonst zerbricht. Ich fragte meine Gesprächspartnerin, wie alt sie werden will. Sie sagte: »Mindestens 100 Jahre alt.« Sie ist heute 88. Also, fragte ich, wolle sie nur noch zwölf Jahre lang leben? Das ist nicht viel. »Wenn Sie jedes Jahr eine Immobilie verkaufen würden, können Sie noch über 30 Jahre wie eine Königin leben.« Sie schmunzelte und sagte, dass ich recht habe. Auch wenn man keine Immobilien besitzt, wird man weiterleben. Lassen Sie also Ihre Ängste los, und werden Sie endlich glücklich mit dem, was Sie haben! Denken Sie nicht zu viel nach, sondern fühlen Sie eher, was Ihre Seele braucht!

Baba Waljas Rat

Wenn Ängste Sie zum Grübeln bringen, sollten Sie Ihr Herz aktivieren. Das Herzchakra können Sie mit zwei Fingern stärken. Halten Sie dazu Ihre beiden Zeigefinger aneinander, und legen Sie sie für mehrere Minuten auf Ihre Herzgegend. Sie werden merken, dass dieser Tipp meiner Großmutter Sie ruhiger werden lässt.

SEELENSCHÜTZER 26

Ich habe Angst davor, schwanger zu werden.

Das liegt daran, dass Ihre Seele in alten, womöglich fremden Verhaltensmustern festgefahren ist.

Energetische/rituelle Abhilfe: Die energetische Übung »Augen wie ein Kind« hilft gegen die Angst vor einer Schwangerschaft. Sie wirkt auch fantastisch bei mangelnder Entscheidungsfreudigkeit sowie schlechter Laune, Pessimismus, negativen Gedanken, Stress, innerer Unruhe und Sorgen. Nicht nur das Gesicht entspannt sich, auch der Geist öffnet sich und stellt sich auf Frieden und Gelassenheit ein. Entspannen Sie Ihre Stirn und Ihre Augenpartie. Die Augen öffnen sich ein Stück weiter. Die Gesichtsmuskeln entspannen sich. Öffnen Sie leicht den Mund, sodass die Zunge den Gaumen berührt und mit der Spitze sanft gegen die Zähne stößt. Schauen Sie sich mit diesem »neuen Gesicht« um, und spüren Sie Ihre Entspannung und Offenheit.

Baba Waljas Rat

Geben Sie nach dem Kochen den ersten Löffel der Speise in eine Schale. Lassen Sie diese bis zum Abend stehen. Sie ist für die astralen Kräfte des Hauses verantwortlich und unterstützt Ihre Seele dabei, sich zu entscheiden.

SEELENSCHÜTZER 27

Ich bin während meiner Schwangerschaft so melancholisch.

Das liegt daran, dass Ihre Seele zu unruhig ist. Mir fällt dazu Folgendes ein: »Du fragtest mich, was ich liebe.« »Mein Leben«, antwortete ich. »Du gingst mit traurigen Augen fort. Aber du hast nicht begriffen, dass du mein Leben bist.«

Energetische/rituelle Abhilfe: Legen Sie einen Runenkreis, um sich in der Schwangerschaft zu schützen. Ziehen Sie dazu sieben beliebige Runen aus einem Runenset und legen Sie diese zu einem Kreis aus. Platzieren Sie ein Foto Ihrer Familie in den Kreis. Dieser Kreis schützt nun Sie, Ihre Familie und das ungeborene Kind vor negativen Einflüssen.

Baba Waljas Rat

Meine Großmutter empfahl Schwangeren, ihre Knie immer zu bedecken, da sonst das neugeborene Kind kränkeln würde. Sie zog also eine Hose während der Schwangerschaft einem Minirock vor.

SEELENSCHÜTZER 28

Ich leide während meiner Tage an Depressionen.

Das liegt daran, dass Ihre Seele nicht auf sich, sondern auf andere fokussiert ist. Doch jedes Mal, wenn Sie denken, Sie sind ganz unten angelangt, kommt jemand und leiht Ihnen eine Schaufel.

Energetische/rituelle Abhilfe: Gegen negative Energie, die sich während Ihrer Tage einnisten kann, gibt es ein einfaches Ritual: Geben Sie Natron, Zitrone und Zimt auf einen Teller. Lassen Sie den Teller zwölf Tage lang arbeiten und werfen anschließend Natron, Zitrone und Zimt in den Müll. Während dieser Zeit hat die Mischung alles Negative gebunden und aus Ihren Räumen entfernt. Statt Natron können Sie auch Salz verwenden.

Baba Waljas Rat

Meine Großmutter empfahl Frauen, dass sie während der Monatsblutung nicht kochen sollten, denn die Speisen könnten sowohl sie selbst, als auch die, die davon essen, schwächen. Sie sollten außerdem in dieser Zeit nicht als Heilerin arbeiten und Birken- oder Lindentee zu sich nehmen.

SEELENSCHÜTZER 29

Ich schlafe manchmal schlecht.

Das liegt daran, dass Ihre Seele zu sehr klammert. Bedingungslose Liebe heißt nicht klammern, sondern Freiheit! Lernen Sie das zu beachten!

Energetische/rituelle Abhilfe: Achten Sie stets auf die Erneuerung und Verjüngung der Zellen Ihres Körpers. Um die Zellen zu aktivieren, können Sie einen Brottrunk herstellen. Nehmen Sie dazu 300 Gramm schwarzes Brot, zwei Liter warmes Wasser, 200 Gramm Zucker und 20 Gramm Hefe. Alle Zutaten vermischen Sie und lassen sie drei Tage lang bei Zimmertemperatur stehen. Man kann statt Brot auch Rote Bete verwenden. Dieses Getränk verbessert Ihren Schlaf und aktiviert die Zellteilung. Apropos, das Zellenwachstum eines zwölfjährigen Kindes ist fünf Mal schneller als das eines Erwachsenen! Die Natur macht uns nur bis zum 30. Lebensjahr schön, danach müssen wir selbst etwas für uns tun.

Baba Waljas Rat

Dieser Tipp meiner Großmutter ist sehr einfach zu befolgen: Das Gebet Vaterunser wirkt besonders stark, wenn es sieben Mal am Tag gelesen wird. Das entspannt die Seele und lässt Sie gut schlafen.

SEELENSCHÜTZER 30

Ich finde keinen Zugang zu meinem Unterbewusstsein.

Das liegt daran, dass Ihre Seele sehr stark geerdet ist und sich nur mit der Materie beschäftigt. Doch die Materie ist nicht alles!

Energetische/rituelle Abhilfe: Beschäftigen Sie sich immer wieder einmal mit Ihrem Unterbewusstsein! Hier finden Sie einen Test mit Symbolen. Schreiben Sie zu jedem der unten stehenden Wörter ein anderes Wort, das Ihnen als Ergänzung dazu einfällt:

Himmel

Haus

Schwein

Hund

Torte

Milchkaffee

Blume

Katze

Was haben Sie aufgeschrieben? Hier ist die Erläuterung:

Himmel steht für Ihre Potenz.

Haus steht für Ihre Seele.

Schwein steht für Ihr Geld.

Hund beschreibt Ihren Partner.

Torte beschreibt Ihren Genuss.

Milchkaffee beschreibt Ihre Sexualität.

Blume steht für Ihre Familie.

Katze beschreibt Sie selbst.

Nummerieren Sie nun alle Begriffe von eins bis sieben nach Belieben (Prioritäten) durch. Hat das Schwein die Sieben bekommen, dann brauchen Sie sich nicht wundern, warum Sie wenig Geld zur Verfügung haben oder immer wieder Geld verlieren. Ihre Einstellung zu diesem Thema ist falsch. Arbeiten Sie daran, und Sie werden glücklich.

Baba Waljas Rat

Versuchen Sie, sich mehr mit Spiritualität auseinanderzusetzen. Sie bringt Sie weiter. Das Unterbewusste bestimmt oft Ihr Leben. Um zu dieser Ebene mehr Kontakt zu bekommen, machen Schamanen Folgendes: Sie setzen sich auf den Boden und strecken ihre Beine aus. Setzen Sie sich also ebenso auf den Boden und strecken Sie Ihre Beine aus. Konzentrieren Sie sich nun auf Ihre Pobacken. Der Kontakt zur Erde wird immer stärker. Sagen Sie sich innerlich: »Ich sitze auf dem Boden und bin geerdet. Mir kann nichts geschehen.« Bleiben Sie eine Weile sitzen.

SEELENSCHÜTZER 31

Beim geringsten Anlass fange ich an zu weinen.

Das liegt daran, dass Ihre Seele keine starke Verbindung zu Ihrem Herzen hat. Man sieht jedoch nur mit dem Herzen gut.

Energetische/rituelle Abhilfe: Um die Seele gegen übermäßige Sensibilität zu wappnen, können Sie den im Folgenden beschriebenen Vorgang machen. Er kommt aus Kalmykien (Russland) und verspricht Stärkung der Seele und sogar eine Lebensverlängerung. Bereiten Sie einen Teig zu, den Sie zu einem kleinen Boot formen. Backen Sie dieses und lassen es abkühlen. Stellen Sie dann so viele kleine Kerzen in das Boot, wie viele Jahre Sie alt sind plus eine Kerze mehr. Zünden Sie die Kerzen an, und lassen Sie sie restlos abbrennen. Versenken Sie anschließend das Boot in einem Fluss. Das Ritual können Sie jedes Jahr wiederholen.

Baba Waljas Rat

Meine Großmutter empfahl Menschen, die nah am Wasser gebaut waren, Folgendes: Denken Sie während eines Tanzes an alle Ihre Leiden. Zeichnen Sie beim Tanzen mit Ihrem rechten Fuß diese Leiden in die Luft. Das können auch Personen sein, die Ihnen nicht gutgetan haben. Anschließend sagen Sie: »Ich lasse alles los.« Haben Sie künftig keine Hemmungen mehr zu leben!

ICH UND MEINE LIEBEN NÄCHSTEN

SEELENSCHÜTZER 32

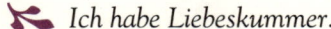 *Ich habe Liebeskummer.*

Das liegt daran, dass Ihre Seele verschlossen ist. Sie lassen Ihre Gefühle nicht zu. Dies führt sehr oft zu Abhängigkeiten und Liebeskummer, weil man nach Ausgleich sucht. Liebeskummer ist jedoch wie ein Diamant: Tragen Sie ihn mit Fassung.

Energetische/rituelle Abhilfe: Bei Liebeskummer hilft nur Humor. Lachen Sie mehr! Fokussieren Sie Ihre Seele auf Spaß! Arbeiten Sie auch mit Ihrem inneren Kind (der unterbewussten Ebene). Stellen Sie sich vor, dass Sie Ihr inneres Kind auf dem Schoß halten. Sprechen Sie mit ihm oder spielen Sie ein Spiel. Bei dieser Arbeit bespricht das Kind einiges mit Ihnen, das in ihm gespeichert ist. So lösen Sie Ihre Abhängigkeiten.

Baba Waljas Rat

Nicht viele Menschen beherrschen das Sandorakel. Doch Sie können es nun ausprobieren. Nehmen Sie dazu einen größeren Metallteller und streuen einige Handvoll Sand darauf. Schreiben Sie Ihr Geburtsdatum mit einem Messer in den Sand, stellen eine bestimmte Frage und schütteln den Teller zweimal. Sehen Sie in das Sandgebilde, und interpretieren Sie nach den entstandenen Symbolen die Antwort auf Ihre Frage. Fragen Sie vor allem, warum Sie abhängig von jemandem sind. Wenn Sie die Antwort haben, können Sie das Problem lösen.

SEELENSCHÜTZER 33

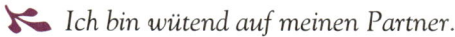 *Ich bin wütend auf meinen Partner.*

Das liegt daran, dass Ihre Seele kaum Anerkennung und Selbstliebe empfindet. Wahrscheinlich haben sich auch einige Verlustängste eingenistet, weil Sie sich nicht genug lieben oder denken, etwas falsch zu machen. Wenn Sie wütend sind, dringen negative Energien in Ihre Seele ein. Haben Sie keine Angst, Fehler zu machen. Man lernt aus seinen Fehlern, sie lassen uns vorankommen.

Energetische/rituelle Abhilfe: Über Chakren können fremde Energien in die Seele eindringen, die unruhig oder wütend machen. Dies wird durch verschiedene Chakra-Reinigungsmethoden verhindert. Folgende Übung reinigt die Chakren und macht es möglich, Energieflüsse im Körper zu verstärken: Nehmen Sie einige der unten aufgelisteten Edelsteine und Kristalle. Die Steine müssen nicht auf die nackte Haut, sondern auf den Boden gelegt werden. Platzieren Sie sie direkt im Bereich der Chakren rechts oder links neben den Körper. Legen Sie sich dazu bequem auf den Rücken und schließen Ihre Augen. Entspannen Sie sich, und bleiben Sie 15 Minuten lang liegen. Die benutzten Steine reinigen Sie anschließend kurz unter fließendem Wasser. Folgende Steine empfehle ich Ihnen:

Krone/Scheitel: Amethyst oder Bergkristall
Stirn: Lapislazuli oder Amethyst
Hals: Aquamarin, Türkis oder Sodalith
Herz: grüner Turmalin, Smaragd, Jade, Aventurin oder Malachit
Nabel: Citrin oder Calcit
Bauch: Carneol oder Rhodochrosit
Schambeingegend: Granat, Rubin oder Hämatit

Baba Waljas Rat

Machen Sie ein Ritual mit zwei Kerzen. Zünden Sie dazu zwei beliebige Kerzen an. Eine Kerze symbolisiert Sie selbst und die andere Ihren Partner. Sehen Sie abwechselnd 15 Sekunden lang in jede Flamme. Spüren Sie zuerst Liebe zu Ihnen selbst. Dann versuchen Sie, sich an die schönen Momente mit Ihrem Partner zu erinnern und spüren Liebe zu ihm. Löschen Sie die beiden Kerzen aneinander, Flamme an Flamme, und bleiben Sie ein paar Minuten lang sitzen. Immer wenn Sie wütend sind, zünden Sie die Kerzen an und wiederholen diesen Vorgang.

SEELENSCHÜTZER **34**

 *Ich habe Angst vor einer Trennung.*

Das liegt daran, dass Ihre Seele zu wenig Glauben besitzt. Im Lateinischen gibt es den Spruch »Vevendo vides«, der so viel heißt wie »Wer glaubt, wird sehen«.

Energetische/rituelle Abhilfe: Sehr oft findet sich die Angst vor einer Trennung in Ehen. Eheringe zu verlieren gilt als Zeichen baldiger Trennung. Sollte Ihnen also ein Ehering abhandenkommen, kaufen Sie sich sofort neue Ringe und legen Sie sie vor eine Ikone der Gottesmutter Maria. Bitten Sie sie um Hilfe. Tragen Sie die Ringe täglich. Geben Sie Ihren Ehering niemals jemandem zum Anprobieren. Man sagt, dass der Partner dadurch energetisch zum Fremdgehen animiert wird.

Baba Waljas Rat

Um den eigenen Glauben zu stärken, vollziehen Schamanen Knotenmagie. Nehmen Sie dazu einen beliebigen Faden und neun Perlen mit Loch. Machen Sie einen Knoten, und fädeln Sie die erste Perle auf den Faden. Machen Sie wieder einen Knoten, und fädeln Sie die zweite Perle auf, und fahren Sie so fort, bis Sie alle Perlen aufgefädelt haben. Tragen Sie dieses geknotete Band immer bei sich.

Das muss ich machen!

SEELENSCHÜTZER 35

Ich leide unter der Trennung von meinem Partner.

Das liegt daran, dass Ihre Seele sich zu sehr aufgeopfert und zu wenig Anerkennung vom Partner bekommen hat. In Russland sagt man: »Glücklich ist der, der sich bei Sonnenuntergang auf die Sterne freut.« Freuen Sie sich noch auf die Sterne?

Energetische/rituelle Abhilfe: Trennungen kosten Lebensenergie. Die Lebensenergie aber macht das heilende Arbeiten überhaupt erst möglich. Menschen können den Fluss dieser Lebensenergie mit ihrer Gedankenkraft lenken. Um diese Energie anzusammeln, benötigen Sie einen Energiesammler. Mit den unten aufgeführten Gegenständen können Sie sich so einen einfachen Lebensenergie-Akkumulator schnell selbst anfertigen.

Sie benötigen dazu:
- ein Kupferrohr
- fünf Quarzkristalle, z.B. Bergkristall
- Aluminiumfolie
- Papier
- Klebeband

Verschließen Sie das untere Ende des Rohrs, das obere bleibt offen. Geben Sie nun die Quarze in das Rohr. Umwickeln Sie dann das Rohr wie folgt: Die erste Wicklung besteht aus Papier. Befestigen Sie dieses mit Klebeband. Die zweite Wicklung besteht aus Aluminiumfolie. Auch diese befestigen Sie mit Klebeband. Wickeln Sie mindestens sieben solcher Doppellagen um das Rohr. Die äußerste Lage besteht aus Papier. Dieser Apparat sammelt ab sofort Lebensenergie, die Sie mit Ihren Händen aufnehmen können. Nehmen Sie dafür das Rohr immer wieder für fünf Minuten in die Hände, und lassen Sie das Gerät arbeiten.

Baba Waljas Rat

Um eine Trennung schneller zu verarbeiten, basteln Sie zwei Kränze. Schmücken Sie einen davon und behalten ihn zu Hause. Den zweiten Kranz bringen Sie auf einen Friedhof und werfen ihn dort in den Abfall. Dieser schamanische Vorgang hilft schnell dabei, die offenen seelischen Wunden zu heilen und den Ex-Partner zu vergessen. Am besten führen Sie das Ritual im Frühling aus, wenn der Saft der Pflanzen hochsteigt.

SEELENSCHÜTZER 36

 Ich befürchte, dass mein Partner mich betrügt.

Das liegt daran, dass Ihre Seele zu viel Fantasie hat. Diese sollte jedoch positiv wirken. Fantasie ist schließlich wichtiger als Wissen.

Energetische/rituelle Abhilfe: Machen Sie eine kurze Meditation mit goldenen Zahlen, um Ihre Fantasie zu bereinigen: Stellen Sie sich mit geschlossenen Augen folgende Zahlen in der Farbe Gold vor: 1, 2, 3, 4, 5, 6, 7, 8, 9, 0, 12, 185.

Wenn Sie sich eine der Zahlen nicht vorstellen können, dann bedeutet das:

1: Ihnen fehlt es an Energie.
2: Ihre Gefühle sind verletzt.
3: Sie haben Neider.
4: Jemand macht Sie mundtot.
5: Ihre Spiritualität ist gelähmt.
6: Ihnen fehlt es an Liebe.
7: Sie haben finanzielle Sorgen.
8: Sie sind durch Karma belastet.
9: Sie haben falsche Menschen um sich herum.
0: Ihre Seele und Ihr Körper sind geschwächt.
12: Sie haben keinen Bezug zur Natur.
185: Sie benötigen eine Heilung.

All diese Probleme können in Ihrer Seele versteckt sein. Versuchen Sie, sie durch die Wiederholung der Meditation zu lösen.

Baba Waljas Rat

Gegen Betrug und Täuschung empfehlen Schamanen, ein Lavendelbündel herzustellen. Sammeln Sie Lavendelblüten. Schneiden Sie diese mit den Stängeln ab, und binden Sie sie zu einem Bündel. Machen Sie zwei verschiedene Schleifen um das Bündel, und zwar eine weiße und eine rote. Diese symbolisieren den Schutz vor negativen Gedanken und vor Manipulationen. Alternativ können Sie auch Folgendes probieren: Schreiben Sie den Vornamen Ihres Partners in ein Quadrat und darunter Ihren Namen in einen Kreis. Rollen Sie das Papier dann zusammen und umwickeln es mit rotem Zwirn. Legen Sie es unter einen Baum oder einen Strauch.

SEELENSCHÜTZER 37

Mein Partner ist sehr eifersüchtig.

Das liegt daran, dass Ihre Seele innerhalb von Grenzen denkt. Wissen ist begrenzt, die Fantasie unendlich. Schalten Sie also Ihre Fantasie ein.

Energetische/rituelle Abhilfe: Eifersucht kann gut mit ätherischen Ölen behoben werden. Träufeln Sie einen Tropfen Rosenöl auf Ihre linke Pulsader, den Hals und den siebten Halswirbel. Dies heilt die Eifersucht des Partners und treibt Fremdbesetzungen aus.

Baba Waljas Rat

Um einen eifersüchtigen Partner zu bändigen, machen Schamanen Folgendes: Sie gehen in einen Wald und schneiden mehrere Eichen- und Birkenzweige ab. Dabei stehen die Eichenzweige für männliche und die Birkenzweige für weibliche Energie. Die geschnittenen Zweige werden miteinander vermischt und in die Erde gesteckt. Dieser Vorgang lässt die Energie zwischen beiden Partnern besser fließen, sodass die Eifersucht abnehmen wird.

SEELENSCHÜTZER **38**

 Ich kann mich nur schwer von früheren Beziehungen lösen.

Das liegt daran, dass Ihre Seele Angst vor dem Alleinsein hat. »Mein Leben wäre vielleicht einfacher ohne dich – es wäre nur nicht mein Leben«, sagen viele Menschen. Doch sind Sie selbst der wichtigste Mensch in Ihrem Leben!

Energetische/rituelle Abhilfe: Machen Sie eine energetische Reinigung. Diese kann Sie von Ängsten vor dem Alleinsein befreien. Nehmen Sie dazu ein Schälchen und streuen etwas Salz hinein. Geben Sie in die Mitte des Schälchens etwas Zucker und drei Tropfen eines beliebigen Öls. Lassen Sie das Schälchen zehn Tage lang stehen, und werfen Sie anschließend den Inhalt weg.

Baba Waljas Rat

Der Freitag gilt im alten Kalender, auf den meine Großmutter viel hielt, als Teufelstag. Man sollte an diesem Tag nichts Neues anfangen, denn das bringt keine Erfolge. An einem Freitag kann nur eine Reinigung von negativen Energien sowie die Lösung von alten Beziehungen durchgeführt werden. Nehmen Sie dazu zwei rote Zwirnabschnitte und binden sie sich diese fest um das linke Handgelenk. Tragen Sie sie zwei Stunden lang und schneiden Sie sie danach ab. Verbrennen Sie die Zwirnstücke. Dieser Vorgang löst Sie von Ihren alten Beziehungen.

SEELENSCHÜTZER 39

Ich trauere um meinen Partner.

Das liegt daran, dass Ihre Seele sehr schnell fühlt. Mit den Flügeln der Zeit fliegt auch die Traurigkeit davon. Es muss also Zeit vergehen, um Trauer zu verarbeiten.

Energetische/rituelle Abhilfe: Eine Ehe kostet oft Seelenanteile. Das weiß jeder Schamane. Jede Beziehung kostet Kraft. Und Bäume sind in der Lage, Seelenanteile zurückzuholen. Gehen Sie deshalb in einen Wald. Suchen Sie nach einem alten Baum. Welcher Baum das ist, spielt keine Rolle. Legen Sie ein Stück Alufolie auf Ihre linke Hand, und berühren Sie nun den Baum. Die Folie transformiert Energien des Baumes und überträgt sie sofort in Ihre Aura. Diese Energie stärkt Ihre Seele und verarbeitet Trauer.

Baba Waljas Rat

Oft fühlen wir große Trauer nach dem Tod eines nahestehenden Menschen. Legen Sie deshalb dem Verstorbenen einen Gegenstand, den er liebte, in den Sarg. Das kann eine Mütze, ein Tuch, ein Kugelschreiber oder etwas anderes sein. War Ihnen das nicht möglich, dann verteilen Sie ein paar Sachen des Verstorbenen an Bedürftige. So werden Sie Ihre Trauer schneller überwinden.

SEELENSCHÜTZER **40**

 Ich ärgere mich oft über meine Familie.

Das liegt daran, dass Ihre Seele zu wenig an sich denkt und Sie sich zu sehr aufopfern. Steht Ihre Familie hinter Ihnen? Oder stehen Sie nur hinter ihr? Klären Sie das!

Energetische/rituelle Abhilfe: Die neue Energie ist eine kosmische Energie, zu der die Menschen in der Jetztzeit wieder Zugang finden. Eine Aktivierung der Energie öffnet eine Tür zum Universum und löst oft Familienthemen. Gerade in Zeiten von Stress und Hektik ist folgende Übung gut geeignet, um das Energiefeld zu stärken: Setzen Sie sich bequem hin, und denken Sie an Ihre Seele. Was will sie im Moment? Setzen Sie sich so hin, dass die Wirbelsäule entspannt bleibt. Konzentrieren Sie sich auf den Nabel. Sagen Sie nun laut: »Ich bin das Universum.« Wiederholen Sie den Satz mehrmals, und stellen Sie sich außerdem vor, dass ein mehrfarbiger Lichtstrahl Ihren gesamten Körper ausfüllt. Ihr Äther besteht aus Liebe. Erinnern Sie sich an einen glücklichen Moment in Ihrem Leben. Konzentrieren Sie sich dann auf Ihr Herzchakra, und versuchen Sie, die Liebe in sich zu fühlen.

Baba Waljas Rat

Baba Walja wusste, wie man die Seele heilen kann: Gehen Sie in einen Wald, suchen dort einen mittelgroßen Stein und bringen ihn nach Hause. Bemalen Sie ihn mit einer beliebigen Farbe und benutzen Sie ihn als Türstopper. Dieser Stein ist in der Lage, das Negative draußen zu halten.

SEELENSCHÜTZER 41

In der Familie kommt es immer wieder zu Streit.

Das liegt daran, dass Ihre Seele bestimmte Lernprozesse durchmacht. In der Jugend lernen wir, im Alter verstehen wir. Versuchen Sie also nicht, alles sofort zu verstehen.

Energetische/rituelle Abhilfe: Gegen Familienprobleme hilft folgendes Ritual: Sie brauchen zwei Mal jeweils einen halben Meter roten Zwirn, den Sie zusammengelegt um Ihre linke Handfläche wickeln. Ziehen Sie den gewickelten Zwirn dann ab und machen drei Knoten hinein. Verbrennen Sie den Zwirn in der freien Natur. Dieser Vorgang verarbeitet das Familienkarma. Nehmen Sie anschließend etwas rote Wolle und binden diese an Ihr rechtes Handgelenk. Tragen Sie dieses Band, bis es sich von alleine löst. Es schützt Ihre Seele vor Reizungen.

Baba Waljas Rat

Sie wollen die Harmonie in der Familie wiederherstellen? Das ist folgendermaßen machbar: Stellen Sie ein Arrangement her aus sieben Knoblauchzehen (sie stehen für Schutz), sieben Lorbeerzweigen (sie ziehen positive Menschen an), sieben Eichenzweigen (sie verhelfen zu einem langen Leben), sieben Kleezweigen (diese wirken gegen Magie und Teufelswerk), sieben Rosmarinzweigen (sie helfen dabei, Krankheiten zu erkennen) und sieben Vogelbeerzweigen (diese bringen mehr Glück). Platzieren Sie dieses Arrangement in Ihren Wohnräumen.

SEELENSCHÜTZER **42**

Ich kompensiere zu wenig Sexualität durch Essen.

Das liegt daran, dass Ihre Chakren nicht ausbalanciert sind. Das Sexualchakra hat eine direkte Verbindung zum Halschakra. Wer zu wenig Sex hat, greift zum Löffel, und wer zu viel zum Löffel greift, hat zu wenig Sex.

Energetische/rituelle Abhilfe: Es gibt sieben aktive Punkte auf Ihrer Fußsohle, die verschiedene gesundheitliche Probleme beheben können, darunter auch die oben genannten. Massieren Sie Ihre große Zehe. Das aktiviert den Hypothalamus, was wiederum den Appetit mindert und abzunehmen hilft. In der Mitte der großen Zehen gibt es einen Punkt, der die Hypophyse reguliert. Er sollte bei hormonellen Problemen massiert werden. An der Wurzel der großen Zehe befindet sich die sogenannte Schilddrüsengegend. Eine Massage dieser Zone ist für jeden Menschen empfehlenswert, da die Schilddrüse auch bei gesunden Menschen durch Stress leiden kann. Das obere Drittel der mittleren Fußsohle ist mit dem Zwerchfell verbunden. Eine Massage der Mitte der Fußsohle verhilft unmittelbar zu Entspannung und lässt loslassen. Sie ist auch bei Stress zu empfehlen. Nahe dem inneren Rand des Fußes befindet sich die Zone der Nieren. Die Massage dieser Zone entspannt den Körper und bringt neue Energie. Etwas weiter zur Ferse hin befindet sich die für den Stoffwechsel zuständige Zone und direkt in der Mitte der Ferse die Zone der Entgiftung. Wenn Sie die Ferse massieren, aktivieren Sie die Ausscheidung der Toxine aus Ihrem Körper und erleben verstärkt sexuelle Lust.

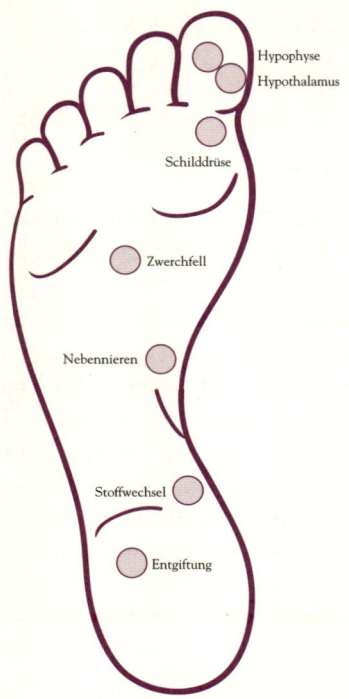

Hypophyse
Hypothalamus
Schilddrüse
Zwerchfell
Nebennieren
Stoffwechsel
Entgiftung

Baba Waljas Rat

Wenn Sie eine Spinne in Ihren vier Wänden finden, töten Sie sie nicht, sondern schaffen Sie sie aus dem Haus. Meine Großmutter war überzeugt davon, dass gerettete Spinnen Glück bringen und der Seele dabei helfen zu entspannen. Viele Menschen wissen auch nicht, dass Spinnen für die Erfüllung der sexuellen Wünsche stehen. Beim Freilassen einer Spinne sollten Sie an Ihre Wünsche denken.

SEELENSCHÜTZER 43

Ich habe Hemmungen, meine Sexualität auszuleben.

Das liegt daran, dass Ihre Seele keinen Bezug zu Ihrem Körper hat. Suchen Sie diesen Bezug.

Energetische/rituelle Abhilfe: Es gibt Themen im Leben, aber keine Probleme. Themen können immer wieder verarbeitet werden. Sexualität gehört auch zu einem Lebensthema. Wenn Sie mit diesem Thema zu tun haben, können die Ursachen dafür in Ihrem Vorleben liegen. Klären Sie Ihr Karma. Nehmen Sie dazu einen Spiegel und setzen sich davor. Stellen Sie die Frage: »Warum habe ich ein Problem mit dem Thema Sex?« Sehen Sie dann aufmerksam in die Tiefe des Spiegels. Es kann sein, dass Sie sofort eine visuelle Antwort erhalten.

Baba Waljas Rat

Bezüglich der oben genannten Thematik empfahl meine Großmutter Männern, mehrere Peperoni, und Frauen, getrocknete Basilikumblätter unter das Bett zu legen. Diese Pflanzen aktivieren durch ihre Energie die sexuelle Kraft und klären verschiedene Themen. Verheirateten Paaren empfahl sie, die Eheringe für eine Nacht zu den Kräutern zu legen und diese danach ständig zu tragen.

ICH UND MEIN JOB

SEELENSCHÜTZER **44**

Der Stress im Beruf nimmt ständig zu.

Das liegt daran, dass Ihre Seele übermüdet ist und keine Hilfe annimmt. Sie machen sich zu viele Gedanken. »Achte auf deine Gedanken, denn sie werden zu Worten. Achte auf deine Worte, denn sie werden zu Handlungen. Achte auf deine Handlungen, denn sie werden zu Gewohnheiten. Achte auf deine Gewohnheiten, denn sie werden dein Charakter. Achte auf deinen Charakter, denn er wird dein Schicksal.« So steht es im Talmud.

Energetische/rituelle Abhilfe: Sie können Ihren Energiefluss immer in Schwung bringen! So verarbeiten Sie Stress im Beruf. Wollen Sie Ihr Befinden verbessern, sollten Sie es sich angewöhnen, zweimal täglich jeweils eine halbe Stunde lang das sogenannte Fingerhalten zu praktizieren. Dabei strömen Sie die Finger jeder Hand jeweils einzeln für sich. Sie halten dazu jeden Finger mit zwei Fingern der anderen Hand einige Minuten lang, bis sich ein leicht pulsierendes Gefühl einstellt.

Baba Waljas Rat

Malen Sie einen Mond auf ein Blatt Papier. Sie können auch eine Abbildung des Mondes aus dem Internet ausdrucken. Schreiben Sie Ihren Namen darauf, und verbrennen Sie das Papier danach. Dieses alte Ritual unterstützt die Übermittlung Ihrer persönlichen Wünsche ans Universum und reduziert Ihren Stress.

SEELENSCHÜTZER **45**

Ich habe Konflikte mit meinem Chef.

Das liegt daran, dass Ihre Seele sich zu klein fühlt und immer wieder getäuscht wird. Die Ursache findet sich meistens in den karmischen Mustern. Die Wahrheit über die Wahrheit: Sie tut weh, weshalb Menschen lügen. Suchen Sie nach Ihrer Wahrheit, so werden Sie mit anderen Menschen – auch mit Ihrem Chef – zurechtkommen.

Energetische/rituelle Abhilfe: Sie können lernen, eigene und fremde Emotionen (Karma) besser zu verarbeiten. Im Folgenden finden Sie einen Test, der Ihre Ziele und Ressourcen offenbart. Diese Erkenntnisse reduzieren Ihren Stress, denn Sie erkennen, was Sie verändern können. Auf dem Bild sehen Sie einen Meeresgrund. Ergänzen Sie das Bild durch Details. Die abgebildete Truhe ist leer, füllen Sie sie mit Inhalt.

Deutung:

Die meisten Menschen halten die Truhe für das wichtigste Detail. Das ist aber nicht so – die Truhe steht nur für Ihre Ressourcen, die zum Erreichen Ihrer Ziele nötig sind.

- Haben Sie Fische oder andere Lebewesen gezeichnet, dann sorgen Sie sich um andere Menschen. Ihr Ziel ist mit anderen Menschen verbunden. Vielleicht träumen Sie von einer festen Liebe, neuen Freundschaften, einer öffentlichen Tätigkeit. Sie brauchen die Unterstützung anderer.

- Wenn Sie mehrere Pflanzen gezeichnet haben, dann ist Ihr Ziel sehr spirituell und geistig. Sie reifen und bilden sich weiter. Sie wachsen.

- Wenn Sie mehrere Steine auf den Meeresboden gezeichnet haben, dann hat Ihr Ziel mit finanziellen Gütern zu tun. Vielleicht träumen Sie von etwas Bestimmten, das Sie kaufen möchten und das Ihnen Freude bereitet.

- Wenn Sie ein Schiff, ein Boot oder einen Schwimmer gezeichnet haben, dann täten Ihnen eine Reise, Abenteuer und mehr Bewegung gut.

- Wenn Sie die Truhe mit Geld gefüllt haben, dann benötigen Sie mehr Geld. Sie haben nicht genug finanzielle Mittel, um sich Ihr Ziel zu erfüllen.

- Wenn Sie in die Truhe neben Geld auch noch Edelsteine gezeichnet haben, dann wissen Sie nicht, wie viel Geld Ihnen fehlt, um Ihr Ziel zu erfüllen.

- Wenn Sie die Schätze mit einem dicken Strich gekennzeichnet haben, dann sollten Sie mehr Mut zeigen, um zum Erfolg zu gelangen.

- Wenn Sie ein Skelett in der Truhe platziert haben, dann brauchen Sie Zeit, um sich selbst zu finden und um negative Ereignisse aus der Vergangenheit zu verarbeiten. Lebensprüfungen machen Sie stärker.

Baba Waljas Rat

Wenn Ihre Eingangstür in das Hausinnere aufgeht, ist das gut. Das mindert Konflikte am Arbeitsplatz und in der Familie. Wenn sie aber nach außen geöffnet wird, ist das energieraubend und zieht Ärger mit anderen Menschen an. So geht das Glück aus dem Haus und aus der Seele. Damit das nicht geschieht, müssen Sie Ihre Türe nicht umbauen, sondern sollten ein paar Tricks anwenden, die schon Baba Walja empfohlen hat: Verlassen Sie das Haus immer mit dem rechten Fuß, und legen Sie einen Stein aus dem Wald als Türstopper an die Tür.

SEELENSCHÜTZER 46

Ich habe Stress mit meinen Kollegen.

Das liegt daran, dass in Ihrer Seele zu viele alte Programme gespeichert sind. Weisen Sie die »Schuld« daran aber demjenigen zu, der sie tatsächlich hat, und nicht demjenigen, der Ihnen gerade im Weg steht. Niemand ist schuld an dem, was Sie beschäftigt. Das sind nur Sie selbst, und Sie sind auch die einzige Person, die die gegenwärtige Situation verändern und verbessern kann.

Energetische/rituelle Abhilfe: Glaubenssätze wie
- »Das kann ich mir nicht leisten.«
- »Das wird nicht gehen.«
- »Das schaffe ich nicht.«
- »Ich bin nicht gut genug dafür.«
- »Ich verdiene das nicht.«

gehören zu den alten Mustern. Machen Sie sich bewusst, dass sie zu einem alten Schuldschein gehören, der Sie allerdings in diesem Leben beeinflusst. Schreiben Sie Sätze wie diese in Ihrer Vorstellung auf ein Blatt Papier. Dann verbrennen Sie den papierenen Schuldschein im Geiste. Sie können so Ihre Ansichten und damit Ihr ganzes Leben positiv verändern. Wenn es Ihnen gelingt, Zugang zu den verborgenen Aspekten Ihrer Persönlichkeit zu bekommen und diese ans Licht Ihres Bewusstseins zu holen, werden Sie davon profitieren. Das eigene Überbewusstsein verwaltet den individuellen kosmischen Plan und stellt die Verbindung her zu höheren und feineren Hierarchien und damit letztendlich auch zu Gott. Gerade in unserer schnelllebigen Zeit ist diese uralte praktische Weisheit eine funktionierende Lehre von aktueller und außergewöhnlicher Bedeutung für jeden Einzelnen – unabhängig von Alter, Religion, Nationalität, Geschlecht und Beruf. Sie ist rein informativ, pragmatisch, logisch nachvollziehbar, undogmatisch und erfrischend einfach.

Baba Waljas Rat

Stellen Sie eine Kerze des neuen Zeitalters her. Eine solche Kerze besteht aus 14 farbigen Schichten und symbolisiert 14 aktive Chakren. Die Wachsfarbe spielt keine Rolle. Zünden Sie bei Stress mit Ihren Kollegen diese Kerze immer wieder an, und lassen Sie sie eine Minute lang brennen. Blicken Sie in die Flamme.

SEELENSCHÜTZER 47

 *Ich werde gemobbt.*

Das liegt daran, dass Ihre Seele sich zu klein fühlt. Die meiste Macht in einer Beziehung haben immer diejenigen, denen sie nicht so viel bedeutet. Denken Sie immer an diese Worte.

Energetische/rituelle Abhilfe: Verarbeiten Sie Ihre Emotionen durch Affirmationen! Das macht Sie beliebt. Hier einige Beispiele:

- »Ich brauche keine Hemmungen!« Hemmungen hemmen eben.
- »Ich brauche keine Ängste!« Wer Angst hat, hat auch eine ängstliche Ausstrahlung. Ängste beginnen im Kopf – die Befreiung davon auch. Schreiben Sie auf, wovor Sie Angst haben, und werden Sie sich Ihrer Ängste bewusst. Suchen Sie nach Lösungen. Zum Beispiel: Angst vor Pferden – Besuch eines Pferdehofes.
- »Ich werde meine Probleme lösen!« Jedes gelöste Problem steigert Ihr Selbstbewusstsein, denn Erfolge sind gelöste Probleme. Verwandeln Sie Probleme in ihr Gegenteil, und lenken Sie damit Ihre Konzentration auf die Lösung. Zum Beispiel: Krankheit – Vitalität/Fitness; Stress – Entspannung.
- »Ich bin einmalig! Ich bin, wie ich bin, und ich bin besonders. Ich stehe zu mir und arbeite an meinen Schwächen.« Schreiben Sie auf, wo Ihre Fähigkeiten und Begabungen liegen. Bekennen Sie sich zu Ihrer Einmaligkeit.
- »Ich glaube an die Kraft meiner Ziele.« Wer kein Ziel hat, ist nicht motiviert. Planen Sie Ihre Zukunft. Setzen Sie sich ein großes Ziel.
- »Übung macht den Meister! Ich entwickle mich immer weiter.« Nicht Nachdenken verändert das Leben, sondern Vorausden-

ken. Malen Sie sich deshalb Ihre Zukunft detailliert aus, am besten schriftlich.

∝ »Ich bin für andere nützlich!« Allein kann man nicht alles erreichen. Bilden Sie Teams, organisieren Sie Netzwerke, zeigen Sie anderen Ihre Wertschätzung. Finden Sie heraus, was die Menschen wünschen.

Baba Waljas Rat

Chiffrologie bezeichnet eine Lehre von den Zahlen, ist jedoch nicht mit der Numerologie zu vergleichen. Bei der Chiffrologie werden Zahlen und geometrische Formen gleichzeitig verwendet und in Beziehung zueinander gebracht. Wenn Sie beispielsweise Glück haben wollen, schreiben Sie das Wort »Glück« auf ein Blatt Papier. Darunter schreiben Sie Ihren Vornamen. Da das Wort Glück aus fünf Buchstaben besteht, brauchen Sie eine geometrische Form, die eine 5 symbolisiert. Das ist das Pentagramm. Zeichnen Sie eines unter Ihren Namen und das Wort Glück – und fertig ist Ihr Amulett. Um Probleme am Arbeitsplatz zu klären, schreiben Sie »Klärung« oder »Mobbing« auf, darunter Ihren Vornamen und zeichnen einen Davidstern in einem Kreis darunter.

Es gibt acht geometrische Formen, die Begriffen zugeordnet werden. Da die meisten Worte aus mindestens drei Buchstaben bestehen, kann man praktisch allen Wörtern Kombinationen aus diesen Formen zuweisen.

1 Kreis
2 Gerade
3 Dreieck (z.B. »ich«)
4 Quadrat (z.B. »Geld«)
5 Pentagramm (z.B. »Liebe« oder »Glück«)
6 Davidstern (z.B. »Erfolg«)

7 Davidstern in einem Kreis (z.B. »Klärung« oder »Mobbing«)
8 Oktogon (z.B. »Reichtum«)

Für längere Begriffe sind diejenigen geometrischen Formen miteinander zu verbinden, die der Buchstabenanzahl entsprechen. Um einen Begriff mit neun Buchstaben, beispielsweise »verlieben«, darzustellen, zeichnen Sie folglich einen Davidstern in ein Dreieck (6+3=9). »Spiritualität« hat 13 Buchstaben. Sie können also einen Davidstern in ein Quadrat und ein Dreieck (6+4+3=13) zeichnen. Da »Gesundheit« aus zehn Buchstaben besteht, zeichnen Sie entweder zwei Pentagramme (5+5=10) oder einen Davidstern in ein Quadrat (6+4=10) unter Ihren Namen und das Wort »Gesundheit«.

SEELENSCHÜTZER **48**

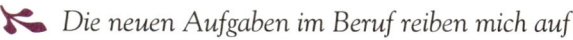 *Die neuen Aufgaben im Beruf reiben mich auf.*

Das liegt daran, dass Ihre Seele sich verzettelt hat und womöglich negatives Karma nicht verarbeiten konnte. Manche Menschen sind wie Glasscherben – in diesen spiegelt sich der Sonne glänzendes Licht, doch die scharfen Kanten sieht der Betrachter nicht.

Energetische/rituelle Abhilfe: Geistheiler nutzen verschiedene Methoden, um Karma zu verarbeiten. Jeder Heiler kreiert mit der Zeit seine eigene Methode, die er aus seiner Erfahrung heraus entwickelt. All die Methoden sind an sich nur Verfahren, die ihm dabei helfen, sich auf die göttliche Kraft einzustimmen. Die Vorgänge sind wie ein Werkzeug, das der Heiler braucht, um etwas zu verändern. Man kann diese Heilmethoden mit dem Werkzeug eines Zahnarztes vergleichen: Der Arzt braucht zwar eine Zange, um den Zahn herauszuziehen, wichtig ist jedoch, dass er sein Handwerk versteht, also das Können des Arztes. Bei einem Geistheiler sind das Können seine Gabe und sein Glaube.

Bei der folgenden Übung visualisieren Sie, wie Energie durch Organe in die Seele fließt. Um Augen und Stirnhöhlen zu energetisieren, legen Sie die zusammengelegten Fingerspitzen auf die Augen oder Stirnhöhlen. Für die Schilddrüse legen Sie Ihre »Schnabelhände« (die aneinandergelegten Fingerkuppen beider Hände) auf beide Seiten Ihres Halses, gerade über das Schlüsselbein. Zur Stärkung der Lungen legen Sie die rechte Schnabelhand unter das linke Schlüsselbein, die linke Schnabelhand unter das rechte Schlüsselbein. Für das Herz lassen Sie die rechte Schnabelhand unter dem linken Schlüsselbein, legen aber die linke Schnabelhand auf das rechte Schlüsselbein. Für Leber und Gallenblase legen Sie die linke

Schnabelhand auf die rechte Schulter. Mit der rechten Schnabelhand streichen Sie 21-mal vom Brustbein den rechten Rippenbogen entlang hinunter. Atmen Sie tief, und denken Sie dabei an
Energie. Für Milz und Bauchspeicheldrüse machen Sie es genau sei-
tenverkehrt, also rechte Schnabelhand auf die linke Schulter, mit
der linken Schnabelhand 21-mal den linken Rippenbogen entlang-
streichen. Für den Dickdarm ist eine dreistufige Übung notwendig:
Legen Sie die rechte Hand flach auf die linke Schulter. Mit der linken Hand streichen Sie an Ihrer linken Körperhälfte am Verdau-
ungstrakt herunter. Dann streichen Sie mit derselben Hand von
rechts nach links über den Bauch. Nun legen Sie die linke Hand auf
die rechte Schulter und streichen mit Ihrer rechten Hand an der
rechten Körperhälfte hinauf. Wiederholen Sie nun das Quer- und
Hinaufstreichen jeweils mit der anderen Hand. Die ganze Übung
wird mehrmals wiederholt, wobei Sie jede Bewegung vier- bis fünf-
mal ausführen, bevor Sie zur nächsten Sequenz wechseln. Für die
Nieren legen Sie beide Hände auf die Hüften, die Finger auf den
Rücken, die Daumen nach vorne, und kneten das Gewebe eine
Viertelstunde lang. Vergessen Sie das Atmen und Visualisieren
nicht. Energetisieren Sie nun die Hüften, die untere Rückenpartie
oder den Ischias-Nerv: Stehen Sie so gerade wie möglich. Legen Sie
die Hände wie bei den Nieren auf die Hüfte. Streichen Sie dann die
Hüften entlang hinunter. Zuerst abwechselnd, dann gleichzeitig.
Umfassen Sie nun das Steißbein mit den Fingern und dem Daumen
einer Hand, während Sie mit der anderen weiterhin die Hüfte streichen. Das ganze Rückgrat können Sie energetisieren, wenn Sie den
großen Wirbel an der Nackenbasis mit einer Hand umfassen und
das Steißbein mit der anderen. Atmen und visualisieren Sie. Um
Schmerzen loszuwerden oder verkrampfte Muskeln zu entspannen,
legen Sie die rechte Schnabelhand unter den rechten Rippenbogen. Die linke Schnabelhand legen Sie nun auf die schmerzende
Stelle. So wird viel Energie in dieses Körperteil geleitet. Sie können
diese Energie, die Heilungsenergie, ganz einfach zu sich selbst oder

zu anderen Menschen leiten. Diese universelle Lebensenergie ist überall.

Baba Waljas Rat

Bei der schamanischen Salzreinigung mit Wasser und Salz werden Salz und Wasser in einem Glas im Verhältnis eins zu eins gemischt und 30 Tage lang stehen gelassen. Es können durchaus körperliche Zeichen der Reinigung auftreten: Man bekommt oft einen salzigen Geschmack im Mund, auf den Lippen oder gar einen Schnupfen. Das Glas wird nach 30 Tagen weggeworfen. Eine alternative Methode ist, das Salz zehn Minuten lang in der Hand zu halten und dann erst ins Wasser zu geben. Die Reinigung geschieht dann schneller innerhalb von 15 Tagen. Dies reduziert den Stress am Arbeitsplatz.

SEELENSCHÜTZER 49

Ich fühle mich in meinem neuen Job überlastet.

Das liegt daran, dass Ihre Seele Angst hat, Fehler zu begehen. Fremde Fehler beurteilen wir wie Staatsanwälte, die eigenen wie Verteidiger. Das ist menschlich. Fehler zu machen ist ebenso menschlich. Ohne sie hat das Leben keinen Nutzen.

Energetische/rituelle Abhilfe: Im Leben brauchen Sie ein Prozent Talent und 99 Prozent Arbeit an sich. Ihre Disziplin macht Sie erfolgreich. Schreiben Sie folgende Eigenschaften auf, die Ihnen Erfolg bringen können:

Erfolge bringend sind:
- Empathie
- Freundlichkeit
- Zuhören können
- Einfühlsamkeit
- Hilfsbereitschaft
- Menschlichkeit
- Bodenständigkeit
- Ermutigung
- Respekt
- Leidenschaft
- Verantwortungsbewusstsein
- Disziplin
- Leichtigkeit
- Weiterbildung

Erfolge störend sind:

- Arroganz
- Besserwisserei
- Hochmut
- Aggressivität
- Bewertungen
- Respektlosigkeit

Arbeiten Sie jeden Tag mit dieser Liste, und Sie werden sehen, dass Ihr Arbeitsumfeld angenehmer wird.

Baba Waljas Rat

In Russland werden sogenannte Ritualpuppen hergestellt, die als Abbild der Seele gelten. Um die Seele zu stärken, wird eine solche Puppe immer wieder symbolisch gefüttert. Versuchen Sie, diesen Tipp in die Tat umzusetzen. Nennen Sie Ihre Puppe »Job«, und füttern Sie sie jeden Tag.

SEELENSCHÜTZER 50

 Mein Schritt in die Selbstständigkeit droht mich zu überfordern.

Das liegt daran, dass Ihre Seele zu viele Ideen in sich vereint und sich womöglich verzettelt hat. Mut ist der Zauber, der Träume Wirklichkeit werden lässt. Packen Sie Ihre Ideen an!

Energetische/rituelle Abhilfe: Die Menschen haben wieder Zugang zu jahrtausendealten Methoden gefunden. Immer schon war in den traditionellen Heilsystemen das Wissen vorhanden, wie man die Lebensenergie harmonisieren und stärken kann. Menschen verfügen über eine Art Batterie des Lebens. Kann man seine Lebensbatterie aufladen? Jeder von uns verfügt über diese Gabe, auch wenn wir uns dessen selten bewusst sind. Jeder kann diese Batterie bei sich selber – und wenn er möchte – auch bei anderen durch einfache Übungen aufladen. Hände und Finger sind von Energiebahnen durchzogen, die in direktem Zusammenhang mit ganz bestimmten Organen und deren Funktionen stehen. So kann man durch das Halten eines ganz bestimmten Fingers gezielt Organe ansprechen, um deren Energiefluss zu verbessern. Dadurch können dort bestehende Blockaden aufgelöst werden.

- Daumen:
  Die über den Daumen zu beeinflussenden körperlichen Bereiche sind die Milz und der Magen sowie die Haut.
- Zeigefinger:
  Die über diesen Finger zu erreichenden Organe sind die Niere, die Blase und das Muskelsystem. Der Zeigefinger steht für Bewegung und Muskeln.

- Mittelfinger:
  Die über den Mittelfinger zu beeinflussenden Organe sind die Leber, die Gallenblase und das Blut.
- Ringfinger:
  Die dem Ringfinger zugeordneten Organe sind die Lunge, der Dickdarm und die tieferen Hautschichten.
- Kleiner Finger:
  Herz, Dünndarm und Knochenbau sowie Psyche sind die körperlichen Bereiche, die über diesen Finger angesprochen werden.
- Handinnenflächen:
  Wenn der Daumen der rechten Hand die Mitte der linken Handinnenfläche bearbeitet, beeinflusst man das Zwerchfell und die Nabelgegend. Diese stehen vor allem für Selbstsicherheit.

Das Funktionieren all dieser Systeme erleichtert Ihr Leben. Sie werden Ihre Ideen auch dann schnell in die Tat umsetzen können und davon profitieren, wenn Sie sich selbstständig machen möchten.

Baba Waljas Rat

Das Amulett namens »Scepter« (Zepter) wird auf 6000 Jahre datiert und stammt aus der russischen Region Samara. Es ist rund, hat ein Loch und ist älter als Amulette aus Ägypten. Das Amulett besteht aus Serpentin, einem Stein, der in Afghanistan, Australien, China, Deutschland, Indien, Italien, Mexiko, Neuseeland, Südafrika und der Schweiz vorkommt. Es sind aber keine Serpentine in der Samara-Region zu finden. Die Frage ist, wie sie vor 6000 Jahren dahin kamen. Ein solches Amulett unterstützt einen Neustart im Beruf, aber auch in der Liebe.

SEELENSCHÜTZER 51

Ich habe Ärger an meinem Arbeitsplatz.

Das liegt daran, dass Ihre Seele eine Auszeit braucht. Der Mensch plant, und das Schicksal lacht darüber. Anstatt zu planen, was morgen geschieht, sollten Sie sich lieber auf das Hier und Jetzt konzentrieren.

Energetische/rituelle Abhilfe: Diese Übung repariert Ihre Aura bei Ärger im Job: Reiben Sie Ihre Hände. Legen Sie sie auf Ihren Unterbauch. Stellen Sie sich vor, dass Ihre Hände ein weißes Licht ausstrahlen. Massieren Sie Ihren Bauch mit dieser weißen Farbe eine Minute lang, ohne dabei Druck auszuüben. Danach gehen Sie zum Nabel über. Massieren Sie um den Nabel herum (im und gegen den Uhrzeigersinn). Dann reiben Sie die Hände noch einmal und gehen an Ihre Brustwarzen. Lassen Sie die Hände eine Minute lang auf ihnen ruhen. Die rechte Brustwarze nimmt nämlich Energie aus dem Kosmos und die linke Brustwarze Energie von der Erde auf. So gleichen Sie Ihre gesunde Erdung aus.

Baba Waljas Rat

Das magische russische Alphabet ist ein System aus Russland, dessen Zeichen neue Energie bringen. Bei diesem System werden geometrische Figuren und Buchstaben zusammen verwendet. Zum Beispiel wird ein Kreis genommen, um Energie aufzutanken oder ein Viereck, um sich zu schützen. In diese Figuren schreibt man die ersten Buchstaben des eigenen Vor- und Nachnamens. In einer Pyramide (Quadrat als Basis) stecken mehrere geometrischen Formen: darunter Kreis (auch umgekehrt im Kreis ein Quadrat), Stupa, Pentagramm und Davidstern. Daher wird auch die Pyramidenform im magischen Alphabet oft verwendet. Sie dient der Unterstützung der Wünsche.

Zeichnen Sie also eine Pyramide auf ein Blatt Papier, und schreiben Sie Ihre Initialen hinein. Legen Sie die Zeichnung in Ihrem Zuhause irgendwo hin.

ICH UND MEINE WELT

SEELENSCHÜTZER 52

Ich bin sehr schüchtern.

Das liegt daran, dass Ihre Seele sich an gewisse Dinge nicht heran-
traut. Wer schweigt, dem fehlen jedoch nur die passenden Worte!

Energetische/rituelle Abhilfe: Energetisch gesehen ist Schweigen
Gold. Das gilt aber nicht immer. Ab und zu müssen Sie sprechen!
Um das Halschakra zu aktivieren, damit Gedachtes auch ausgespro-
chen werden kann, können Sie diese Übung machen: Sagen Sie laut
»Abrakadabra, simsalabim«. Wiederholen Sie diese Formel zehn-
mal. Danach lassen Sie zwölf Minuten lang das Mantra »Om« er-
klingen.

Baba Waljas Rat

Wasser spielt in unserem Leben eine enorme Rolle. Haben Sie
gewusst, dass ein Mensch in seinem Leben Tausende Liter
Schweiß, Urin und Speichel verliert und sogar mehrere Hundert Liter Tränen? Für unsere Gesundheit und eine gute Kommunikation
ist es deshalb wichtig, genug Wasser zu sich zu nehmen. Meine
Großmutter empfahl, nach dem Aufwachen sofort ein Glas Wasser
zu trinken und sich die Hände zu waschen, denn die negativen Energien der Nacht haften an den Händen. Beim Waschen des Gesichts
riet sie, die Augen nicht zu berühren und sich während des Wa-
schens auf die Frische des Wassers zu konzentrieren. Sie forderte
dazu auf, sich innerlich zu sagen: »Gottes Liebe soll mein Gesicht strahlen lassen.«

SEELENSCHÜTZER 53

 *Ich habe Streit mit jemandem.*

Das liegt daran, dass Ihre Seele nicht zufrieden ist. Sie hat eine zu hohe Erwartungshaltung. Eine Erwartung muss aber nicht immer erfüllt werden. Versuchen Sie zu leben und andere leben zu lassen. Betrachten Sie alles einfacher, so wie ein Kind. Nur wer erwachsen wird und dabei ein Kind bleibt, hat verstanden wirklich zu leben.

Energetische/rituelle Abhilfe: Unstimmigkeiten mit anderen verletzen das Herzchakra. Hier ist eine Abhilfe: Setzen Sie sich bequem auf einen Stuhl. Atmen Sie tief ein und aus. Stellen Sie sich beim Einatmen vor, dass Lebensenergie durch Ihre rechte Hand in Ihren Körper fließt. Während des Ausatmens stellen Sie sich vor, dass Sie die Lebensenergie aus der anderen Hand ausatmen. Nach zwei Minuten atmen Sie durch die rechte Hand weiter ein, lassen diese Energie jedoch nicht mehr aus der linken Hand herausfließen. Lassen Sie diese Energie zu Ihrem Herzen strömen, und stellen Sie sich dabei vor, dass diese Energie sich nun im Herzen ansammelt. Das machen Sie drei Minuten lang. Sie werden merken, dass die Herzgegend in Ihren Gedanken zu leuchten beginnt. Dann lassen Sie die Energie wieder fließen: Während Sie einatmen, stellen Sie sich vor, dass die Lebensenergie durch Ihre rechte Hand weiter in Ihren Körper strömt, beim Ausatmen lassen Sie diese Energie wieder aus der anderen Hand herausfließen. Sie stellen sich also vor, dass die Lebensenergie aus Ihrer linken Hand wieder ausströmt. Diesen Prozess lassen Sie zwei Minuten lang andauern. Sie haben jetzt viel Energie speichern können. Nun halten Sie Ihre rechte Hand über Ihren Kopf. Stellen Sie sich beim Einatmen vor, dass Lebensenergie durch Ihre rechte Hand in Ihren Körper gelangt, und beim Ausatmen stellen Sie sich vor, dass die Lebensenergie in Ihnen angesammelt wird. Das »aufgetankte« Herzchakra hilft Ihnen dabei, Unstimmigkeiten auszuräumen.

Baba Waljas Rat

Nehmen Sie drei Fotos von sich – eines aus Ihrer Kindheit, eines aus dem Erwachsenenalter und ein aktuelles –, und legen Sie sie aufeinander. Schnüren Sie sie mit rotem Zwirn zusammen. Stellen Sie ein Glas mit Salz und Wasser im Mischungsverhältnis eins zu eins für 30 Tage darauf. Werfen Sie das Glas anschließend weg, und legen Sie die zusammengeschnürten Fotos für eine unbestimmte Zeit in ein Fotoalbum. Sie werden merken, dass es weniger Streit in Ihrem Leben gibt.

SEELENSCHÜTZER **54**

 *Ich fühle mich einsam.*

Das liegt daran, dass Ihre Seele sich abgekoppelt hat. Ihr fehlt es an Kommunikation mit Gleichgesinnten.

Energetische/rituelle Abhilfe: Die feinstofflichen Welten sind in unserem materiellen Dasein verankert. Materie ist jedoch vergänglich. Energie kann dagegen niemals aufhören zu existieren. Ähnlich ist es auch mit dem Geist (Gedanken). Auch er bildet Frequenzen, die ewig existieren und nie zerstört werden können. Diese feinstofflichen Energien hinter der materiellen Fassade gehören zu unserem Seelenplan und zum Seelenplan der Erde. Die Existenz der Seele ist eine feinstoffliche Essenz. Das ganze Universum besteht aus solchen Energien. Auch ein Mensch besteht aus energetischen Schwingungen. Das macht uns aus energetischer Sicht unsterblich. Sobald unser grobstofflicher physischer Körper stirbt, begibt sich unsere Seele auf die ursprüngliche Frequenz, auf der sie sich vor der Geburt befand. Der Tod kann daher als Wechsel der Frequenzen angesehen werden. Für Schamanen sind Menschen »energetische Materie« oder eine Matrix. Der Mensch ist kein statisches Wesen. Er besteht aus Atomen, Lichtteilchen. Viele Menschen achten zwar sehr auf ihren physischen Körper, doch sind die Seele und der Geist die bedeutendsten Komponenten des Menschen. Schließlich herrscht der Geist über die Materie. Daher ist er das Wichtigste, das ein Mensch besitzt. Um den Geist zu stärken, können Sie mit folgender Übung arbeiten: Setzen Sie sich hin, und schauen Sie in die Ferne. Defokussieren Sie dann Ihre Augen und blicken ohne bestimmtes Ziel vor sich. Schon nach zwei Minuten sehen Sie Farben. Das sind Lichtteilchen, die Ihre Augen gerade auftanken. Sehen Sie nun Ihre

Handflächen an. So geben Sie die gespeicherte Energie an Ihre Seele ab. Durch diese Energie können Sie nun andere Menschen erreichen.

Baba Waljas Rat

Um Gleichgesinnte anzuziehen, die Ihnen neue Energie geben, sollten Sie folgenden Rat meiner Großmutter beherzigen: Denken Sie an eine schöne Zeit Ihres Lebens. Erinnern Sie sich an Geschenke, die Sie damals erhalten haben, und an Menschen, die Sie begleiteten. Erinnern Sie sich an Partnerliebe, Elternliebe, Kinderliebe und an die Selbstliebe. Diese gezielte Analyse aktiviert Ihre Seele und lässt sie aufblühen. So können Sie neue Menschen in Ihr Leben ziehen.

SEELENSCHÜTZER 55

 Jemand hat mich enttäuscht.

Das liegt daran, dass Ihre Seele noch nicht gereift ist. Sie weint. Weinen Sie einen Augenblick lang in Ihrem Leben, aber nicht für einen Augenblick Ihr ganzes Leben lang! Arbeiten Sie lieber an Ihren Erwartungen.

Energetische/rituelle Abhilfe: All diese Dinge kosten Energie und bringen Enttäuschungen:
- Sie hetzen sich zu sehr.
- Sie machen sich zu viele Gedanken und sorgen sich um etwas.
- Sie haben Angst vor der Angst.
- Sie haben Angst vor der Zukunft.

Bleiben Sie Sie selbst. Sie werden nichts erreichen, wenn Sie jemanden kopieren. Lernen Sie Ihre Schwächen und Stärken kennen, arbeiten Sie an ihnen. Sie sind ein Individuum, etwas ganz Besonderes. Schreiben Sie Ihre Talente auf ein Blatt Papier, und lesen Sie das Geschriebene immer wieder durch. Seien Sie das, was Sie darstellen, und machen Sie das, was Sie können, so, wie Sie es können (malen, singen, schreiben, leben). Schreiben Sie nun Ihre Ziele für dieses Jahr auf und die für die nächsten fünf Jahre – behalten Sie diese vor Augen:
- Für dieses Jahr nehme ich mir Folgendes vor: _____

_____

_____

- Für nächstes Jahr nehme ich mir Folgendes vor: _____

_____

_____

Baba Waljas Rat

In Tibet sind geheimnisvolle Schalen der Ewigkeit in vielen Häusern reicher Leute zu finden. Sie werden aus sieben irdischen Metallen hergestellt, darunter Silber. Gold wird nicht verwendet, weil es aus dem Kosmos kommt. Diese Schalen oder Schüsseln werden auf eine 300er-Frequenz eingestimmt. Genau diese haben auch Ihre Organe und Ihre Seele. Man schlägt an die Schale in der Nähe des Solarplexus, der Füße und des Kopfes. In Russland werden Glocken benutzt, denn sie haben eine ähnliche Frequenz. Besorgen Sie sich eine Glocke und beschäftigen sich täglich mit ihr.

SEELENSCHÜTZER 56

 *Ich habe Streit mit Freunden.*

Das liegt daran, dass Ihre Seele sich unsicher fühlt. Ihr fehlt neue Energie. Zudem fehlt es Ihnen an Selbstliebe.

Energetische/rituelle Abhilfe: Einem Weisen wurde folgende Frage gestellt: »Wie viele verschiedene Freundschaftsarten gibt es auf dieser Welt?« Er antwortete: »Es gibt vier: Es gibt Freunde wie das Essen – diese brauchst du jeden Tag. Es gibt Freunde wie Medikamente – du suchst nach diesen, wenn es dir schlecht geht. Es gibt Freunde wie eine Krankheit – sie suchen nach dir, wenn es ihnen schlecht geht. Es gibt Freunde wie Luft – du siehst sie nicht, aber sie sind immer bei dir.« Echte Freunde geben Ihnen Energie. Um solche Freunde anzuziehen, können Sie ein Ritual durchführen. Nehmen Sie dazu eine Handvoll Dill- und Petersiliensamen und säen sie im Garten aus. Sagen Sie: »Die Samen wachsen, die Freunde kommen, amen.«

Baba Waljas Rat

Meine Großmutter empfahl gerne ein Ritual mit Pflanzen. Pflanzen Sie so viele Pflanzen, wie viele Freunde Sie haben. Schmücken Sie sie mit Schleifen. Dieser Vorgang stärkt bestehende Freundschaften. Wenn Sie sich wünschen, neue Bekanntschaften zu schließen, setzen Sie einige Pflanzen mehr ein.

SEELENSCHÜTZER 57

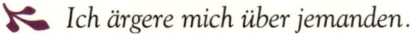 *Ich ärgere mich über jemanden.*

Das liegt daran, dass Ihre Seele vermutlich weiter entwickelt ist als andere Seelen, die Sie treffen. Manche Menschen drücken nur ein Auge zu, damit sie besser zielen können. Also müssen Sie vielleicht auch ein Auge zudrücken und an das Niveau dieser Menschen denken, sich aber nicht auf dieses begeben. Durch Sie können diese Menschen reifen.

Energetische/rituelle Abhilfe: Warum regen Sie sich oft auf und werden wütend? Warum reagieren Sie gereizt, wenn andere Menschen Sie beneiden, kritisieren oder beleidigen? Warum sind Sie nervös, wenn diese Menschen über Sie lästern oder unpassende Kommentare hinter Ihrem Rücken abgeben? Warum bringt es Sie oft auf die Palme, wenn diese Leute Ihnen ins Gesicht lachen? Denken Sie nach: Es gab und es wird immer solche Menschen geben. Sie müssen nicht von jedem geliebt werden. Wenn Sie etwas geschafft haben, heften sich wenig entwickelte Persönchen automatisch an Ihre Fersen. Neid ist ein Zeichen für Anerkennung und zieht magisch Menschen an, die selbst nichts erreichen. So ist das Leben auf Erden. Stellen Sie sich vor, Sie gehen spazieren und sehen ein Häufchen Dreck auf dem Boden liegen. Es stinkt bestialisch. Was tun Sie? Sie gehen weiter und stecken auf keinen Fall Hände, Nase oder Zunge hinein, nicht wahr? Mit Neidern sollten Sie genauso umgehen – und nicht in dieses Häufchen Gülle steigen und versuchen, sie mit allen Sinnen zu schmecken. Etwas »stinkt« Ihnen? Dann haben Sie bereits Ihre Nase hineingesteckt. Beschäftigen Sie sich nie mit solchen Häufchen Elend. Leben und leben lassen ist das richtige Motto. Missgünstige Leute können nicht anders, weil sie es nie anders gelernt haben und nie lernen werden. Sie bleiben so, egal, was Sie tun und wie oft Sie sich aufregen. Sehen Sie deren Neid als eine Auszeichnung für das an, was Sie geschafft haben! Schonen Sie Ihre Nerven. Davon haben Sie mehr. Also, gehen Sie jetzt lächelnd weiter, ohne sich mit dem Häufchen Dreck am Boden zu beschäftigen!

Baba Waljas Rat

Wir leben in zwei Realitäten: die eine ist unsere eigene und die andere ist die der Gesellschaft. Es sind zwei verschiedene Realitäten, denn eine (Ihre) ist die geistige und die andere (Gesellschaft) die materielle. Wenn Ihnen das klar wird, können Sie in beiden gleichzeitig leben. Belastet Sie die materielle Realität? Dann machen Sie ein altbewährtes Ritual mit Streichhölzern: Lassen Sie mehrere Streichhölzer abbrennen und versenken Sie sie dann in einem Glas mit Wasser. Schütten Sie das Wasser anschließend auf die Erde.

SEELENSCHÜTZER 58

Ich fühle mich nirgends daheim.

Das liegt daran, dass Ihre Seele durch Stress rissig geworden ist und neue Energie braucht. Diese Energie kann immer getankt werden.

Energetische/rituelle Abhilfe: Um sich energetisch auszugleichen und »Heimatenergie« zu tanken, können Sie folgende Energiearbeit praktizieren: Stellen Sie sich gerade hin und öffnen leicht Ihre Beine. Falten Sie Ihre Hände wie bei einem Gebet. Beugen Sie sich leicht vor und halten die gefalteten Hände vor den Unterkörper. Heben Sie von dort aus die Hände nach oben zum Brustkorb. Damit wird Ihr Wurzelchakra ausgeglichen und aktiviert. Es pumpt Energie wieder nach oben und verteilt sie im gesamten Körper.

Baba Waljas Rat

Karma ist eine Mischung aus Energien und Emotionen aus den Vorleben. Familienkarma beinhaltet sogar die Energie der letzten acht Generationen. Es gibt jedoch auch die sogenannte Heimatenergie, die stets mit uns in Verbindung bleibt und auch als unsere »seelische Heimat« bezeichnet werden kann. Wenn Sie diese Energie nicht mehr spüren oder Ihre Heimat vermissen, auch wenn Sie immer noch dort leben, können Sie ein von Schamanen »Seelenpflanze« genanntes Gewächs pflanzen. Das kann eine beliebige Pflanze sein, die Sie irgendwo in die Natur pflanzen. Sagen Sie anschließend: »Meine Seelenpflanze verbindet mich mit meiner Heimat, amen.«

SEELENSCHÜTZER **59**

 *Ich gerate leicht in Panik.*

Das liegt daran, dass Ihre Seele nicht dicht genug ist. Sie hat einige Seelenanteile verloren und ist ängstlich und unsicher geworden. Sie dürfen jedoch nicht von vornherein davon ausgehen, verletzt zu werden.

Energetische/rituelle Abhilfe: Sehen Sie eine beliebige Person genau an. Versuchen Sie, diese Person zu fühlen. Was denkt diese Person gerade? Wie fühlt sie sich? Welche positiven Eigenschaften sie wohl hat? Wie wirkt die Person auf Sie? Hat sie etwas Negatives an sich? Schauen Sie genau hin! Betrachten Sie die Dinge auch von innen, also nicht nur oberflächlich. Überlegen Sie sich, was diese Person in ihrer Tasche bei sich tragen könnte. Welche Gegenstände ihr guttun würden. Schreiben Sie alles, was Sie empfangen haben, auf. Diese Analyse stärkt Ihre Seele und lässt Sie Ursachen Ihrer Panik herausfinden.

Baba Waljas Rat

Die Magnolie gilt bei vielen Schamanen als wunscherfüllende Pflanze. Ihre Früchte werden als Schutz gegen Angst betrachtet. Man legt dazu eine grüne, frisch gepflückte Frucht auf ein eigenes Foto, um für ein Jahr Erfolge und Gesundheit anzuziehen. Die Frucht platzt nach einigen Tagen und schleudert ihre Samen heraus. Dies gilt bei Schamanen als Neugeburt der Seele. Man kann jedoch auch bereits geplatzte Früchte verwenden. Die Frucht wird für ein Jahr irgendwo im Haus hingelegt. In früheren Zeiten brachten Schamanen die Früchte aus der Mongolei und China sogar bis nach Sibirien.

SEELENSCHÜTZER 60

Die Arroganz von jemandem kränkt mich.

Das liegt daran, dass Ihre Seele zu wenig an sich denkt. Sie müssen lernen, über den Dingen zu stehen, anstatt andere verändern zu wollen. Lernen Sie die Selbstliebe kennen!

Energetische/rituelle Abhilfe: Auf kranke und nicht entwickelte Menschen soll man nicht gekränkt reagieren, sie können nichts dafür. Lernen Sie, sich selbst zu lieben. Wenn man sich nämlich genügend liebt, kann kein Zugang für negative Energie entstehen. Loben Sie sich täglich für Kleinigkeiten, und gönnen Sie sich kleine Geschenke. Leben Sie Ihre kreative Seite aus! Sie können aber auch ein Ritual vollziehen: Nehmen Sie ein Glas mit Wasser und Streichhölzer. Brennen Sie täglich zwei Streichhölzer ab, und löschen Sie sie im Wasser. Legen Sie sie dann in ein kleines Glas. Nach 15 Tagen schütten Sie das Wasser mit den Streichhölzern in einen Fluss.

Baba Waljas Rat

Selbstliebe muss gelernt werden. Meine Großmutter lehrte sie so: Setzen Sie sich auf die Erde. Stützen Sie sich mit den Händen ab. Bleiben Sie fünf Minuten so sitzen und reiben Sie anschließend Ihre Hände. Legen Sie die Hände auf Ihr Herz und sagen sich: »Ich liebe mich sehr, und die Erde liebt mich.«

SEELENSCHÜTZER **61**

🦅 *Ich habe Angst davor, eine schlimme Krankheit zu bekommen.*

Das liegt daran, dass Ihre Seele sich mit negativen Vorkommnissen anderer Menschen beschäftigt.

Energetische/rituelle Abhilfe: Nehmen Sie zwei Messer mit Holzgriffen und klopfen Sie diese vor Ihrem Kopf aufeinander. Danach klopfen Sie mit den Griffen vor Ihrem Herzen und stecken die Messer für eine Nacht in die Erde. Das beseitigt Ängste vor schlimmen Krankheiten.

Baba Waljas Rat

Folgende sieben Sünden machen der schamanischen Lehre zufolge krank:

- zu viel Freude (Infarkte)
- zu viel Trauer (Lungenkrankheiten)
- Wut (Lebererkrankungen)
- Neid (Leber- und Nierenerkrankungen)
- zu viele Tränen (Herz- und Hauterkrankungen)
- Ängste und Schrecken (Diabetes und Probleme mit der Gallenblase)
- zu viel Kummer (Gallenwege und Blase)

Sie sollten sich deshalb vor diesen sieben Sünden hüten.

SEELENSCHÜTZER 62

Ich habe ständig Angst davor, etwas zu verlieren.

Das liegt daran, dass Ihre Seele einige negative Gedankenmuster gespeichert hat. Alles, was man erlebt, wird verloren gehen in der Zeit wie eine Träne im Regen.

Energetische/rituelle Abhilfe: Um sich von der Angst, geliebte Menschen oder auch Dinge zu verlieren, zu befreien, können Sie eine bestimmte Energiearbeit durchführen. Dazu nutzen Schamanen das Feuer- oder das Erdelement. Nehmen Sie drei alte Dinge, die Sie selbst benutzt haben. Es ist nicht wichtig, was Sie nehmen. Verbrennen oder vergraben Sie die Gegenstände in der Natur, und gehen Sie dann nach Hause.

Baba Waljas Rat

Verleihen Sie nie etwas an einem Montag, sonst bringt die Woche weitere Verluste. Werfen Sie nie Ihre Kleidung auf den Boden, denn da nistet sich der böse Geist in sie ein. Kleider gehören auf einen Kleiderbügel oder in einen Schrank. Solche alten Weisheiten erleichtern das Leben.

SEELENSCHÜTZER **63**

Ich bin neidisch auf jemanden.

Das liegt daran, dass sich Ihre Seele oft langweilt und begrenzt fühlt. Sie halten sich aber nur an die Grenzen, die Sie sich selbst setzen. Durchbrechen Sie diese! So erreichen Sie mehr im Leben.

Energetische/rituelle Abhilfe: Es gibt verschiedene Methoden, um den eigenen Neid zu reduzieren. Eine davon ist die Chakra-Versiegelung. Chakren versiegelt man, indem man mit den Händen arbeitet. Ölen Sie dazu beide Hände mit einem natürlichen Körperöl ein. Legen Sie sie dann nebeneinander auf einen Chakrabereich. Falten Sie nun die Chakren, indem Sie mit den Händen die Wellen spüren. Nehmen Sie zusätzliche Lebensenergie aus der Umgebung, und geben Sie sie in die Chakren. Sie versuchen sozusagen, die Chakrabereiche zu kneten, so wie Sie das auch mit einem Teig machen.

Baba Waljas Rat

Die Versiegelung der Aura mit den Fingern hat sich seit Jahrhunderten bewährt. Ölen Sie dazu die Finger Ihrer rechten Hand (Rechtshänder) oder der linken Hand (Linkshänder) mit etwas Olivenöl ein. Halten Sie zunächst Ihre drei mittleren Finger so aneinander, dass sie eine Pyramide bilden. Bekreuzigen Sie sich. Halten Sie dann alle fünf Finger so aneinander, dass zwischen ihnen eine Öffnung entsteht, die einem Pentagramm (fünfzackigem Stern) ähnelt. Bekreuzigen Sie sich noch einmal. Dieser Vorgang verleiht einen ganzen Tag lang Schutz vor negativen Energien.

SEELENSCHÜTZER 64

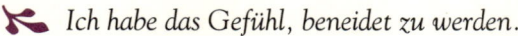 *Ich habe das Gefühl, beneidet zu werden.*

Das liegt daran, dass Ihre Seele Schutz und Abgrenzung braucht. Stehen Sie zu sich, und denken Sie nicht daran, was andere über Sie denken oder sagen. Lieber verrückt das Leben genießen als sich normal langweilen.

Energetische/rituelle Abhilfe: Das Energieniveau der Erde verändert sich immer mehr. Jeder zweite Tag bringt uns neue kosmische Energiefrequenzen. Man muss sich mit diesen Abläufen nicht auskennen, aber fühlen können wir sie alle. Was geschieht genau? Man hört immer wieder von den sogenannten »neuen Energien«. So neu sind sie zwar nicht, aber sie werden stärker. Der Uranus ist aktiver geworden und die Venus ebenso. Die Saturnenergie lässt dafür nach. Diese Umstellung kann Reaktionen hervorrufen, wie Benommenheit und depressive Verstimmungen oder sogar Kopf- oder Gliederschmerzen. Man hat das Gefühl, quasi in der Luft zu hängen und sich zu verzetteln. Genau das kann Neid erzeugen. Auch die Sonne wird immer aktiver, weshalb uns ein Schub von schnellen Energien zugeführt wird, der irritieren kann. Gegen diese Energie kann man nichts unternehmen, sie ist im Übrigen gut für unsere Entwicklung. Wir können uns jedoch an diese Energie anpassen. Gut geeignet ist die folgende Übung. Da wir die Energien auch durch die Handchakren (Handflächen) aufnehmen können, lässt uns diese Übung sehr gut Energien auftanken. Drücken Sie dazu mit einem Daumen eine Minute lang in die Mitte Ihrer zweiten Handfläche. Danach drücken Sie die andere Handfläche ebenfalls eine Minute lang. Legen Sie die Hände dann auf die Ohren und halten sie eine Minute so. Anschließend kreuzen Sie die Beine und bleiben eine weitere Minute lang ruhig sitzen. Die Hände können Sie dabei wie bei einem Gebet halten (sie vor Ihrem Körper falten). Die Übung gleicht körpereigene Energien aus und lässt Sie die neue Energie aufnehmen. Diese schützt Sie vor Fremdenergien wie Neid, Streit oder auch negativen Personen.

Baba Waljas Rat

Sie sind mehr Geist als Körper und brauchen einen Ausgleich. Meine Großmutter empfahl in solchen Fällen Folgendes: Setzen Sie sich hin, und stellen Sie sich die Personen, die Sie beneiden, vor. Schenken Sie ihnen in Gedanken ein Blumenmeer. Stellen Sie sich vor, dass Tausende von Blumen auf diese Personen regnen, bis Sie sie nicht mehr erkennen können. Gehen Sie dann aus der Vision heraus und sagen »Danke«.

SEELENSCHÜTZER 65

 Ich habe mehr Bedenken als Zuversicht, wenn ein Neuanfang ansteht.

Das liegt daran, dass Ihre Seele festgefahren ist und zu viele negative Erlebnisse gespeichert hat. Diese Erlebnisse und Gedankenmuster sind eine Art Besetzung und gehören nicht zu Ihnen. Lassen Sie sich durch diese Erlebnisse nicht irritieren, sondern leben Sie Ihr Leben weiter. Sie sind ein Reisender, und Reisende soll man nicht aufhalten.

Energetische/rituelle Abhilfe: Etwas Wichtiges, das ich unbedingt in diesem Buch ansprechen will, sind auf Sie projizierte Gedankenmuster. Diese können Ihre Seele tief verletzen. Folgende Gedankenmuster sollte jeder für sich verändern:

- Kritik
- Ärger
- Groll
- Schuldgefühle
- Hass
- Neid
- Eifersucht

Darüber schrieben schon viele, darunter Louise L. Hay. Sie schlug vor, alte Gedankenmuster durch neue zu ersetzen. Hier sind ein paar Beispiele:

- Denken Sie, wenn Sie verletzt wurden: »Ich bin frei. Die Vergangenheit ist vorbei.«
- Wenn Sie sich selbst nicht mögen, sagen Sie zu sich: »Ich liebe mich.«

- Bei Schuldgefühlen sagen Sie zu sich: »Ich genieße die Gegenwart.«
- Wenn Sie Angst empfinden, sagen Sie: »Ich bin in Sicherheit und mutig.«
- Wenn Sie enttäuscht sind, sagen Sie: »Ich nehme alles an.«
- Wenn Sie Erneuerung brauchen, sagen Sie: »Ich lasse alles Neue zu.«

Baba Waljas Rat

Um Bedenken vor einem Neuanfang zu beseitigen und gleichzeitig für finanzielle Zuwächse zu sorgen, stellen Schamanen das sogenannte Geldwasser her. Sie legen dafür einige neue Münzen in Wasser und lassen sie zwölf Stunden lang ziehen. Mit diesem Wasser werden Blumen im Haus gegossen. Die Energie des Geldes wird von den Blumen aufgenommen und in die Räume verteilt, was ebenfalls zur Auflösung überflüssiger Bedenken führen kann.

SEELENSCHÜTZER 66

Ich komme über eine alte Verletzung nicht hinweg.

Das liegt daran, dass Ihre Seele mehr Heilung braucht. Die Zeit heilt keine Wunden, man gewöhnt sich nur an den Schmerz!

Energetische/rituelle Abhilfe: Es gibt eine Haltung der Finger (Mudra), die alte seelische Wunden heilen kann. Dieses Mudra hilft auch beim Abnehmen. Der Daumen berührt dabei den Ringfinger. Machen Sie das Mudra mehrere Tage lang für jeweils zehn Minuten.

Baba Waljas Rat

Haben Sie viele unerfüllte Wünsche? Wenn es darum gehen sollte, dass Sie nicht schwanger werden (bzw. Ihre Partnerin es nicht wird), können Sie den Tipp meiner Großmutter befolgen und Leinenwäsche tragen. Stellen Sie auch eine Birkenfeige (Ficus) in Ihr Schlafzimmer. Sie bringt frische Energie und reinigt die Raumluft. Zünden Sie außerdem vor Weihnachten eine Kerze an und lassen Sie sie bis zum nächsten Morgen brennen. Bitten Sie Mutter Maria um Erfüllung Ihrer Wünsche, z.B. darum, schwanger zu werden.

SEELENSCHÜTZER **67**

Ich bin deprimiert, wenn ich jemanden leiden sehe.

Das liegt daran, dass Ihre Seele nicht gelernt hat, was Mitleiden und Mitgefühl unterscheidet. Mitgefühl ist nämlich nicht Mitleid!

Energetische/rituelle Abhilfe: Vollziehen Sie ein Nachmittagsritual, um sich von den Problemen, die Sie in Ihrer Umgebung wahrnehmen, besser abzugrenzen: Nehmen Sie ein Blatt Papier und schreiben Ihre Wünsche auf. Schreiben Sie z.B. »Das Leid gehört der Vergangenheit an« oder »Ich bin glücklich«. Falten Sie das Papier zusammen und verbrennen es in einer Feuerstelle. Werfen Sie dann drei Reiskörner ebenfalls in das Feuer. Bedanken Sie sich, und glauben Sie an die Erfüllung Ihres Wunsches.

Baba Waljas Rat

Um ein gutes Leben zu führen, legen Sie am Abend immer wieder einmal Lorbeerblätter und Pflanzenteile einer Vogelbeere (Eberesche) in Ihre Schuhe. Beides sollten Sie in der Früh wegwerfen und sich bei beiden Pflanzen bedanken. Alternativ können Sie etwas Salz in ein Schälchen geben, dazu etwas Zucker und drei Tropfen eines beliebigen Öls. Lassen Sie das Schälchen zehn Tage lang stehen und werfen anschließend den Inhalt weg. Dieser Vorgang aktiviert positive Energie und stärkt Ihre Aura.

SEELENSCHÜTZER 68

Ich habe das Gefühl, übersehen zu werden.

Das liegt daran, dass Ihre Seele sich zu sehr zurückzieht und dass Sie sich selbst zu wenig lieben. »Wer glaubt etwas zu sein, hat aufgehört etwas zu werden«, sagt der Volksmund. Eine andere Ursache dafür ist Ihre Umgebung, die energetisch nicht richtig zu Ihnen passt.

Energetische/rituelle Abhilfe: Jeder Mensch reagiert zu verschiedenen Zeiten anders auf Länder und auch auf Menschen, und die Länder und auch Menschen wiederum reagieren anders auf Sie. Wenn Sie immer wieder Wiederholungen von Ereignissen erleben, ist das ein Zeichen für eine Korrektur des Schicksals. Diese ermöglicht eine Entwicklung, die davor nicht stattfinden konnte. Die Korrektur des Schicksals ist eine Energiearbeit mit Ihrer Aura. Setzen Sie sich hin, und schließen Sie Ihre Augen. Konzentrieren Sie sich auf Ihre Herzgegend. Versuchen Sie, Ihren Herzschlag zu hören. Stellen Sie sich bildlich vor, dass in Ihrem Herzen ein heller Kreis entsteht. Er ist wie eine weiße Scheibe, die sich dreht. Die Drehrichtung spielt keine Rolle. Verändern Sie nun die Farbe zu grün. Sehen Sie zu, wie diese Farbe sich von der Scheibe trennt und sich in Ihrem ganzen Körper verteilt. Öffnen Sie nun die Augen. Bleiben Sie ein paar Minuten sitzen und genießen Sie diese Zeit. Wiederholen Sie diese Übung sieben Mal. Nun sind Sie auf die Energien des Ortes, des Landes und der Mitmenschen eingestimmt. Sie werden jetzt von anderen wahrgenommen und nicht mehr übersehen.

Baba Waljas Rat

Machen Sie ein Ritual mit dem Botanikum (der Energie) von Bambus. Schneiden Sie dazu drei frische Bambusstäbe ab. Schreiben Sie auf jeden Stab Ihren Namen, Ihr Geburtsdatum und das Wort »Einstimmung«, und stecken Sie die Stäbe für zehn Tage in die Erde. Nach dieser Zeit werden die Stäbe vertrocknen. Verbrennen Sie sie anschließend. Dieser Vorgang wirkt ziemlich schnell und leitet Ihre Leiden ab. So werden Sie merken, dass Sie mehr Selbstvertrauen gewinnen und nicht mehr übersehen werden. Ihre Seele wird nicht mehr weinen.

SEELENSCHÜTZER 69

Ich gehe jedem Risiko aus dem Weg.

Das liegt daran, dass Ihre Seele nicht geerdet ist. Man sagt: »Schwinge dich zum Mond empor, denn selbst wenn du ihn verfehlst, landest du bei den Sternen!«

Energetische/rituelle Abhilfe: Neun ist die Zahl der Erdung. Erdung gibt Sicherheit bei dem, was Sie tun. Verwenden Sie ein Heilzeichen, um sich zu erden: Zeichnen Sie ein Pentagramm in einem Quadrat. Das Pentagramm steht für die Fünf und den Menschen selbst und das Quadrat für die vier Himmelsrichtungen und den Schutz. Tragen Sie das Zeichen stets bei sich.

Baba Waljas Rat

Meine Großmutter schwor auf diese Weisheit: Gehen Sie spätestens eine Minute vor Mitternacht ins Bett, sonst gehen Sie mit dem Teufel zusammen schlafen. Früh genug ins Bett zu gehen erdet und fördert die Konzentration.

SEELENSCHÜTZER **70**

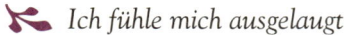 *Ich fühle mich ausgelaugt.*

Das liegt daran, dass Ihre Seele nicht ernst genommen wird und dass Sie Neider haben. »Trinke nie zu viel, denn die letzte Flasche, die draufgeht, könntest Du selbst sein!«, sagt der russische Volksmund.

Energetische/rituelle Abhilfe: Es gibt Momente im Leben, in denen Sie sich energetisch ausgelaugt fühlen oder unter Manipulationen anderer leiden. Streit, Neider, Flüche, unangenehme Gespräche, Ängste und Auseinandersetzungen kosten Kraft. Was können Sie dagegen unternehmen? Hier sind ein paar Tipps für Sie: Wenn Sie nach einem unangenehmen Gespräch oder Streit den Verlust von Energie spüren, waschen Sie sich sofort die Hände. Halten Sie sie drei Minuten lang unter fließendes Wasser. Wenn jemand Sie beschimpft oder verflucht, sagen Sie leise »Dein Wort ist Luft, die vergeht«. Gehen Sie zusätzlich in die Natur und berühren Sie mit Ihrer rechten Hand einen alten Baum. Die rechte Hand ist die gebende Hand, so können Sie die negative Energie abladen. Bei Linkshändern ist das umgekehrt. Stellen Sie sich bildlich vor, dass die negative Energie Ihren Körper verlässt und durch den Baum und seine Wurzeln in der Erde verschwindet. Danach berühren Sie denselben Baum mit der linken Hand. Die linke Hand ist bei Rechtshändern die nehmende Hand. Tanken Sie die Energie des Baumes, und bedanken Sie sich bei ihm. Der Vorgang dauert insgesamt fünf Minuten.

Baba Waljas Rat

Dämonen sind Fremdenergieanteile, die sich in die menschliche oder tierische Aura oder in deren Lebensräume einnisten können. Schamanen sprechen in einem solchen Fall von einer Fremdbesetzung. Diese geschieht meistens durch Ängste, aber auch durch Trauer der besetzten Person. In Russland werden seit Langem verschiedene Pflanzen gegen solche Fremdenergien eingesetzt. Jede Pflanze hat ein eigenes bioenergetisches Feld oder »Botanikum« und strahlt bestimmte Fluide aus, die auf die Psyche, die Aura und die Chakren wirken. Eine ganze Reihe von Pflanzen wirken »antidämonisch«. Damit sie ihre Wirkung entfalten, sollten sie im Frühling gesammelt und getrocknet werden. So bleibt der Saft der Pflanzen in ihnen enthalten. Hier sind die antidämonischen Kräuter:

Schöllkraut reinigt Ihre Aura und vereinigt Körper, Geist und Seele.

Ysop reguliert die Arbeit Ihrer Chakren.

Beifuß beseitigt negative Energie in Räumen und vertreibt Neidenergien.

Brennnessel wirkt gegen böse Gedanken und Magie. Sie können einige Brennnesselbündel im Haus verteilen, um es zu schützen.

Lavendel stärkt Ihre eigene Kraft und Abwehr gegen das Negative.

Dill und **Petersilie** wirken gegen böse Menschen und Hexereien.

Die Kräuter werden nicht eingenommen, sondern als Räucherung verwendet. So können sie ihre Sonnenkraft entfalten, die durch das Feuerelement verstärkt wird. Sie können mehrere dieser Kräuter zusammenmischen. Lüften Sie nach dem Räuchern die Räume mindestens zwölf Minuten lang, das entfernt die gebundene negative Energie.

SEELENSCHÜTZER **71**

 *Offenherzigkeit ist mir unangenehm.*

Das liegt daran, dass Ihre Seele zu wenig Glauben hat. »Wissenschaft ohne Religion ist lahm, Religion ohne Wissenschaft blind«, sagte Albert Einstein.

Energetische/rituelle Abhilfe: Man spricht bei dem oben genannten Thema von der sogenannten karmischen Bremse, denn Ihr Glaube kommt aus dem Vorleben. Eine solche Bremse kann behoben werden. Gehen Sie dazu in die Natur und suchen nach mehreren Steinen. Sammeln Sie diese, und legen Sie sie zu einem Häufchen zusammen. Denken Sie an alles, was Sie in diesem Leben hemmt oder lähmt. Zerstören Sie anschließend das Häufchen mit Ihrem linken Fuß. Sagen Sie laut: »Ich liebe die Offenheit der anderen und bin offen.«

Baba Waljas Rat

Es gibt ein einfaches schamanisches Ritual für Sie: Verbrennen Sie täglich zwei Streichhölzer für Ihr Leiden. Legen Sie die abgebrannten Streichhölzer anschließend in ein kleines Glas. Machen Sie das den ganzen Monat lang. Vergraben Sie das Glas danach in der Natur. Das löst Ängste vor Menschen und lässt Sie an Gutes glauben.

SEELENSCHÜTZER 72

Ich möchte immer von allen geliebt werden.

Das liegt daran, dass Ihre Seele zu gutmütig ist. Sie beschäftigt sich nicht mit sich, sondern mit anderen Menschen. Doch Sie sind selbst der wichtigste Mensch in Ihrem Leben!

Energetische/rituelle Abhilfe: Wenn Sie mit anderen Menschen kommunizieren, spiegeln diese ihre eigenen Probleme wider. Doch nicht jeder Mensch ist ein Spiegel für Sie. 90 Prozent der Menschen suchen nach Hilfe und nach einer Lösung von außen – oder besser gesagt nach einer Pille, die alles heilen kann. Sie wollen ihre Entscheidungen nicht selbst treffen und erwarten von Ihnen, dass Sie es für sie tun. Hüten Sie sich aber davor, das zu tun! Das sind nämlich die sogenannten Halbspiegelungen, von denen Sie nichts lernen können. Vergegenwärtigen Sie sich auch, dass nicht jeder Mensch geheilt werden will, weil so mancher von seinem Kummer profitiert. Sie müssen von solchen Menschen nicht geliebt werden. Sobald Ihnen das klar wird, werden Sie keine Probleme mehr haben.

Baba Waljas Rat

Baba Walja wusste, dass es Menschen gibt, die alles auf dieser Welt kritisieren, sogar eine Komposition Mozarts. Dabei haben sie selbst noch nie ein Musikstück geschrieben. Wo aber steht Mozart und wo stehen diese Menschen? Stellen Sie sich nun vor: Alle diese Menschen sind ab sofort zufrieden und lieben Sie. Wie wird die Welt für Sie nun aussehen? Eher langweilig, nicht wahr? Seien Sie also souverän, und leben Sie Ihr eigenes Leben.

SEELENSCHÜTZER 73

 *Ich lade ungern Gäste ein.*

Das liegt daran, dass Ihre Seele scheu ist und Angst vor Neidern hat. Ein Neider sieht jedoch immer nur das Beet, den Spaten sieht er nicht, weiß ein Sprichwort.

Energetische/rituelle Abhilfe: Wenn Sie Angst vor Menschen haben, die Sie beneiden könnten, ziehen Sie noch mehr Neider in Ihr Leben. Neid ist ein Zeichen der Anerkennung. Wenn Sie etwas verlieren, wird Ihnen etwas anderes erspart, sagen russische Schamanen. Ihrer Ansicht nach nimmt Gott auch Geld für das Leiden. Daher arbeiten Schamanen ebenfalls mit materiellen Werkzeugen. Tun Sie es ihnen gleich, und nehmen Sie einen kleinen Blumentopf, in den Sie einen Geldschein stecken. Pflanzen Sie eine Blume hinein, und lassen Sie sie groß werden. Verschenken Sie die Blume an einen beliebigen Menschen.

Baba Waljas Rat

»Probleme abdecken ist wie Schimmel übermalen«, sagte meine Großmutter Baba Walja. Man muss die Ursachen erkennen und diese behandeln, damit ein Problem für immer und ewig beseitigt ist. Jeder Mensch verfügt über einen sogenannten inneren Rhythmus, auch goldene Mitte genannt. Das ist eine bestimmte Vibration. Diese Vibration oder Frequenz können Sie erhöhen: Setzen Sie sich hin und stellen sich vor, dass mehrere Lorbeerblätter auf Ihren Kopf fallen und die Energie des Lorbeers auf Sie übergeht. Sie sehen nun in der Vision, dass Ihr Körper zu leuchten beginnt. Behalten Sie diese Vision zehn Minuten lang vor Augen.

ICH UND UNSERE WELT

SEELENSCHÜTZER 74

Ich habe das Gefühl, dass sich die ganze Welt gegen mich verschworen hat.

Das liegt daran, dass Ihre Seele neue Energie braucht. Man sagt: »Es gibt tausend Arten von Lärm, aber nur eine wirkliche Stille.« Suchen Sie nach Stille in Ihnen selbst.

Energetische/rituelle Abhilfe: Machen Sie folgende Übung zur Steigerung der Seelenenergie, die Ihre Selbstheilungskräfte unterstützen wird: Verdunkeln Sie einen Raum. Legen Sie sich bequem auf den Rücken. Atmen Sie langsam und regelmäßig ein und aus. Schließen Sie Ihre Augen, stellen Sie sich Ihre Chakren als eine Reihe von Blüten in leuchtenden Farben vor. Die Blüten sind geschlossen. Stellen Sie sich vor, dass der Mond Ihre Chakrablumen mit weißem Licht berührt. Die Blüten bleiben geschlossen. Spüren Sie die Ruhe, und hören Sie in sich hinein. Stellen Sie sich nun vor, Sie legen eine Glaskuppel auf jede Blume. Lassen Sie die Glaskuppeln stehen, sie schützen ab jetzt Ihre Chakren. Danach bleiben Sie noch einige Augenblicke liegen.

Baba Waljas Rat

Wenn jemand das Gefühl hat, keinen festen Boden unter den Füßen zu haben, dann empfehlen Schamanen, die Lebenslinie der rechten Handfläche mit einem Stift immer wieder nachzuziehen. Bei karmischen Problemen, wie z.B. chronischen Leiden, ziehen Sie die Karma- oder Schicksalslinie nach.

SEELENSCHÜTZER 75

 *Ich habe Angst vor der Zukunft.*

Das liegt daran, dass Ihre Seele zu viele Seelenanteile verloren hat. Sie sind in Sorge, weil Sie nicht wissen, was auf Sie zukommt. Doch kein Mensch weiß, was morgen passieren wird. Die Geschichte wird freundlich mit Ihnen umgehen, wenn Sie sich vornehmen, sie eigenhändig zu schreiben. Tun Sie das also!

Energetische/rituelle Abhilfe: Die sogenannten »selbstverliebten« oder »narzisstischen« Zahlen können Zukunftssorgen heilen, sagen Magier. Diese Zahlen werden auf einen Zettel geschrieben und am Körper getragen. »Selbstverliebte« Zahlen sind Zahlen, die die Summe ihrer einzelnen Ziffern in einem Kubus sind, anders ausgedrückt sind sie die Summe der dritten Potenzen ihrer Ziffern. Es gibt neben der Zahl 1 nur vier weitere davon:

$$153 = 1^3 + 5^3 + 3^3$$
$$370 = 3^3 + 7^3 + 0^3$$
$$371 = 3^3 + 7^3 + 1^3$$
$$407 = 4^3 + 0^3 + 7^3$$

Besonders stark ist die Zahl 153. Diese Zahl ist schon im Evangelium erwähnt worden – Simon Petrus zog aus dem See Genezareth ein Netz mit genau 153 Fischen an Land. Kyrill von Alexandria teilt die Zahl 153 in folgende drei Teile: 100 = Zahl für alle Menschen, 50 = Zahl für das Volk Israel, 3 = Zahl der göttlichen Dreifaltigkeit.
Für einen anderen Theologen, nämlich den Hl. Augustinus, steht die 10 für die zehn Gebote und die 7 für die Zahl des Heiligen Geistes. Mit der Addition 10 + 7 = 17 hat es folgende Bewandtnis:

153 ist die Summe der Zahlen von 1 bis 17. Der Hl. Hieronymus wiederum sprach davon, dass es 153 Fischarten gebe.

Neben günstigen gibt es jedoch auch ungünstige Zahlen. Russen feiern z.B. ihren 40. Geburtstag nicht, weil die Zahl eine Umbruchszahl ist.

Baba Waljas Rat

Zum Schutz Ihrer Energiezentren und um Ängste zu vertreiben, können Sie die spirituelle Bilderwelt nutzen, indem Sie sich Folgendes vorstellen:

- Jedes Ihrer Chakren bekommt einen Wächter.
- Jedes Ihrer Chakren wird vergittert.
- Sie errichten vor jedem Chakra eine Tür.

Sie werden schnell merken, dass nichts Negatives mehr an Ihre Chakren herankommt.

SEELENSCHÜTZER 76

 Ich mache mir große Sorgen um den Zustand unserer Welt.

Das liegt daran, dass Ihre Seele sich nach vielen schönen Erlebnissen sehnt und hauptsächlich für andere da ist. Sie ist ausgelaugt und braucht einen zusätzlichen Schutz. Sie hat sich selbst vergessen, was jedoch immer wieder einmal vorkommen kann.

Energetische/rituelle Abhilfe: Wenn Sie sich oft alleine oder ausgeliefert fühlen, sollten Sie Folgendes machen: Waschen Sie Ihr Gesicht täglich mit Quellwasser oder mit Morgentau. So tanken Sie neue Energie und verlieren Ihren Kummer.

Baba Waljas Rat

Ich habe vieles von meiner Großmutter Walentina, genannt Baba Walja, lernen dürfen. »Gib dir die Chance, glücklich zu sein«, sagte sie zu vielen ihrer Kunden. Ich kann mich erinnern, dass ich als Kind sehr oft bei ihr war und wir uns immer wieder über energetische Themen unterhielten. Bereits als Kind lernte ich von ihr, wie man die Hände richtig auflegt und wie die Energie der Hände in die Organe strömt. Baba Walja erklärte mir, welche Kräuter die Natur schuf, um die Krankheiten der Menschen und der Tiere zu heilen und wie man sie einsetzt. Aber nicht nur das Heilwissen, sondern auch das echte Leben hat sie mir beigebracht. Sie war ein wichtiger Mensch in meinem Leben und ein Musterbeispiel der Herzensgüte. Das ist sie immer noch. Einmal saßen wir an einem Tisch, und sie holte ihre rote Tasche aus den 1940er-Jahren. Die Tasche sah für mich damals wie ein riesiges Portemonnaie aus. Sie öffnete diese Tasche vorsichtig und holte aus ihr ihre Heiligtümer – ihre Medaillen und Orden – hervor. Ich liebte es, sie anzufassen. Besonders ein Orden ist mir im Gedächtnis geblieben – der Orden des Helden der Arbeit. Einen solchen Orden hatten nur wenige Menschen im ganzen Land verdient. Bis zum Jahr 1971 hatten landesweit nur rund 16 000 Personen (darunter nur 4500 Frauen) diese Auszeichnung erhalten. Ein anderer Orden war der des Veteranen der Arbeit. Auch auf diesen Orden war sie außerordentlich stolz. Weitere Medaillen hatte sie sich für ihre Arbeitserfolge verdient. Ich legte alle zwölf Medaillen und Orden gerne auf den Tisch, und Baba Walja erzählte mir ihre Geschichten. Besonders berührte mein Herz folgende Erzählung, die sich um die erste Medaille rankt. Während des Zweiten Weltkrieges arbeitete meine Großmutter mit ihrer Mutter zusammen als Näherin in einer Fabrik. Sie nähten Mäntel für die Soldaten. Sie arbeiteten teilweise 16 Stunden pro Tag, ohne Pausen einzulegen, um die geplante Anzahl an Mänteln zu schaffen. Sie segneten die Mäntel und besprachen sie mit einem Gebet, damit sie die Soldaten beschützten. Sie nähten Münzen und Sicherheitsnadeln in die Mäntel ein, die die Soldaten schützen sollten und brachten die Knöpfe mit ganz speziellen Methoden an. Die Knöpfe mussten per Hand angenäht werden. Der Faden musste immer ein Kreuz bilden. Das sollte die Seele und den Leib vor Verletzungen schützen. Auch nach dem Krieg arbeitete meine Oma noch in der Fabrik. Einmal berichteten Radio und Presse über sie und ihre Arbeit. Sie erzählte die Geschichte mit den Knöpfen und Sicherheitsnadeln. Dann passierte etwas ganz Besonderes: Baba Walja bekam eine ganze Menge Dankesbriefe aus dem ganzen Land! Menschen, die lebend aus dem Krieg zurückgekommen waren, prüften Ihre Mäntel auf Münzen und Sicherheitsnadeln und schauten nach, wie die Knöpfe angenäht waren. Sie bedankten sich für den energetischen Schutz. Und deshalb möchte ich Ihnen nun genau erklären, wie man Knöpfe zu Schutzzwecken annäht.

Für den Schutz von Freundschaften sollten immer zwei horizontal liegende Löcher mit dem Faden verbunden werden. So entstehen zwei parallele, horizontale Striche.

Für mehr Intuition und Schutz der geistigen Welt verbindet man zwei Löcher vertikal miteinander. Es entstehen zwei vertikale Striche.

Für die Liebe und neue Freunde verbindet man die horizontalen Fäden zusätzlich in der Mitte miteinander.

Für Erfolge und kreative Gedanken näht man den Knopf mit dem Faden in einer Z-Form an.

Ein seitenverkehrtes Z verspricht Geldgewinne.

Ein Kreuz bringt Schutz und Segen und beschert Gesundheit.

Ein als Quadrat angebrachter Faden sorgt für Harmonie, und eine gute Kommunikation grenzt von negativen Menschen ab.

Ein Kreuz im Quadrat schützt die Seele vor Verletzungen und bringt Selbstliebe und Liebe.

Und ein Kreuz mit zwei vertikalen Strichen sichert finanziell ab.

SEELENSCHÜTZER 77

Ich bin erschüttert über einen Todesfall.

Das liegt daran, dass Ihre Seele zu viele alte Ängste gespeichert hat. Sie schlummern in Ihrem inneren Kind und stressen Sie.

Energetische/rituelle Abhilfe: Unabhängig davon, ob Stress real oder eingebildet ist, nimmt unser Gehirn ihn gleichwertig wahr. Schauspieler, die traurige Rollen spielen, übernehmen daher auch die Emotionen der gespielten Personen. Todesfälle nahestehender Menschen können extremen Stress auslösen. Gegen Stress hilft es grundsätzlich immer zu lachen. Da das nach einem Todesfall nicht leichtfällt, können Sie stattdessen einfach 60 Sekunden lang Grimassen schneiden. Die Kaumuskeln drücken dabei auf die Nerven und übermitteln dem Gehirn diesen Impuls. Dieses schüttet dann Glückshormone aus. Da Lachen gut für den gesamten Organismus ist, sollten Sie mehr lachen!

Baba Waljas Rat

Meine Großmutter ermunterte die Menschen ihrer Umgebung immer dazu, sich immer wieder höhere Ziele zu stecken. Wer solche höheren Ziele hat (früher war das die Religion, heute ist das die Spiritualität), kränkelt weniger und verliert seine Ängste vor Unerklärlichem. Viele Menschen benehmen sich, als ob sie ewig zu leben hätten. Das ist jedoch nicht der Fall. Daher sollten Sie versuchen, jeden Tag so zu leben, als ob er Ihr letzter Tag wäre.

SEELENSCHÜTZER **78**

Ich habe Angst, dass ein Krieg ausbrechen könnte.

Das liegt daran, dass Ihre Seele sehr solidarisch ist. Sie spürt, wenn etwas Schlimmes in der Welt geschieht und leidet mit.

Energetische/rituelle Abhilfe: Innerer Frieden bedeutet Glück mit sich selbst, mit der Familie, den Kindern, dem Job und mit der Spiritualität. Mitleiden muss niemand, mitfühlen sollte jedoch gelernt werden. Kriege geschehen leider immer wieder. Sie gehören offenbar zur menschlichen Natur. Wenn kriegerische Auseinandersetzungen Sie immer wieder aufwühlen, sollten Sie meditieren. Legen Sie sich dazu hin und stellen sich vor, dass einige bedürftige Menschen um Sie herumstehen. Schenken Sie ihnen Liebe. Sie spüren dann, dass auch diese Menschen Ihnen viel Liebe zurückgeben. Die empfangene Liebe ist sehr stark. Nun können Sie langsam aus der Kurzmeditation zurückkommen. Sie werden merken, dass Ihr Mitgefühl für leidende Menschen Sie von nun an stärkt, anstatt Sie auszulaugen.

Baba Waljas Rat

Meine Großmutter war ein Kriegskind. Sie sagte: »Der Anfang des Lebens ist erst nach dem Tod möglich. Doch sollen wir das Leben auf Erden ehren und die uns gegebene Zeit sinnvoll verbringen.« Sie empfahl Menschen, die übermäßig viel leiden, Folgendes: Beim Zubettgehen sollten sie sich beim Himmel für den vergangenen Tag bedanken. Das macht die Zukunft schöner.

SEELENSCHÜTZER 79

Ich habe das Gefühl, in einem Hamsterrad zu laufen.

Das liegt daran, dass Ihre Seele zu schnell fühlt. Sie sollte sich an die Realität anpassen. Gras wächst schließlich auch nicht schneller, wenn man daran zieht.

Energetische/rituelle Abhilfe: Eine Spirale im Uhrzeigersinn erdet und schützt Ihre Seele. Eine Spirale gegen den Uhrzeigersinn belebt Ihren Geist und reinigt Ihre Seele. In Mekka umrunden die Menschen die Kaaba daher gegen den Uhrzeigersinn. Auch Sie können die Spirale in Ihr Leben integrieren. Gehen Sie einfach jeweils fünf Minuten täglich im und dann gegen den Uhrzeigersinn in Ihrem Haus oder in der Natur umher. So werden Sie Ihr Gefühl für die Zeit ausgleichen.

Baba Waljas Rat

Meine Großmutter sprach oft darüber, welche Probleme eine undichte Aura herbeiführen kann. Dichten Sie also Ihre Aura ab! Stellen Sie sich dazu vor, dass aus Ihrer Aura Blumen wachsen. Gießen Sie diese visuell, und beobachten Sie, wie sie gedeihen. Das schützt Sie vor Manipulationen und fremden Energien und gibt Ihnen das richtige Zeitgefühl zurück.

SEELENSCHÜTZER **80**

 Ich habe das Gefühl, dass mein Alltag immer komplizierter wird.

Das liegt daran, dass Ihre Seele zu wenig Energie besitzt und sich nicht frei fühlt. Sie ist wie ein Vogel in einem goldenen Käfig. Zahme Vögel träumen von Freiheit, wilde Vögel fliegen! Werden Sie also wilder!

Energetische/rituelle Abhilfe: Nehmen Sie einen beliebigen Edelstein in die linke Hand und richten den Zeigefinger Ihrer rechten Hand in etwa zehn Zentimetern Entfernung auf Ihr 3. Auge (die Mitte zwischen den Augen). Stellen Sie sich vor, dass ein Energiestrahl das 3. Auge berührt. Projizieren Sie diese Lebensenergie genau auf diesen Punkt. Lassen Sie die Energie fünf Minuten lang vom Stein durch Sie zum 3. Auge fließen. Dann leiten Sie diese Energie zu anderen Körperteilen weiter, z.B. auf die Knie, den Rücken oder die Schulter.

Wenn Sie eine Stresssituation im Alltag erleben, tun Sie Folgendes für Ihre Seele: Konzentrieren Sie sich auf Ihre Füße, denn diese tragen Sie. Denken Sie zehn Minuten lang an die Füße und nicht an die Situation. Sie werden merken, dass Sie ruhiger werden. Beantworten Sie dann diese Fragen:

- Bin ich gesund?
- Bin ich im Privatleben glücklich?
- Macht mein Beruf mich glücklich?

Wenn Sie die Fragen beantwortet haben, schreiben Sie zu jeder Antwort noch etwas dazu und zwar, was Sie dafür tun!

Ich tue für meine Gesundheit _____

_____

_____

Ich tue für mein Privatleben _____

_____

_____

Ich tue für meinen Beruf _____

_____

_____

Baba Waljas Rat

Um den alltäglichen Stress zu bewältigen, hat meine Groß-mutter Folgendes empfohlen: Legen Sie eine Peperoni, zwei Rosmarinzweige und eine Rose unter Ihr Bett. Diese nähren die Energieschichten Ihrer männlich-weiblichen Seele.

SEELENSCHÜTZER **81**

 *Ich habe Angst vor Einbrechern.*

Das liegt daran, dass Ihre Seele viele Verlustängste in sich gespeichert hat. Wenn die Nacht am tiefsten ist, ist der Tag am nächsten. Denken Sie an diese Worte!

Energetische/rituelle Abhilfe: Angst ist immer eine Energie, die Sie daran hindert, nach vorne zu gehen. Viele Ihrer Ängste haben jedoch keinen Grund. Sie sind in Ihrem Unterbewusstsein gespeichert, weil irgendjemand irgendetwas einmal erlebt hat. Diese Ängste sind Projektionen. Sie nisten sich in Ihre Aura ein. Eine Rassel ist in der Lage, das Negative aus der Aura zu entfernen. Rasseln Sie daher öfter. Nach dem Rasseln ist es empfehlenswert, eine kleine Kerze abbrennen zu lassen.

Baba Waljas Rat

Reinigen Sie Ihre Aura und Ihre Lebensräume. Gehen Sie an einen Fluss oder einen Bach. Benetzen Sie Ihre Füße mit etwas Wasser. Sagen Sie: »Ich lasse alles Negative los.« Nehmen Sie etwas Wasser mit nach Hause. Verteilen Sie das Wasser im Haus auf kleine Gläser und auf dem Grundstück. Lassen Sie die Gläser zwölf Tage lang stehen, und werfen Sie sie danach mit dem übrig gebliebenen Wasser weg.

SEELENSCHÜTZER 82

Ich habe Angst vor dem Tod.

Das liegt daran, dass Ihre Seele sich kaum entwickelt hat oder Seelenanteile (Chi) verloren gegangen sind. Sie hat bis heute die Frequenz beibehalten, die sie bei Ihrer Geburt erhalten hat. Wenn Sie zu viele Seelenanteile verlieren, entsteht freier Raum in Ihrer Aura, der durch Fremdenergien besetzt werden kann. Dadurch entstehen Ängste. Denken Sie immer daran: Ihr Herz ist frei, finden Sie den Mut, ihm zu folgen, und lassen Ihre Seele wachsen.

Energetische/rituelle Abhilfe: »Verliere den Körperatem nicht«, sagen die Chinesen. In der TCM spricht man oft über den sogenannten Körperatem. Dieser Ausdruck benennt die körpereigene Energie oder Lebensenergie, die Ihnen gegeben ist. Ein anderer Name dafür ist Chi. Diese Energie hält Sie am Leben und schwindet mit den Jahren. Sie versorgt Ihren Körper mit der Lichtnahrung. Besonders gefährlich sind für diese Energie Verletzungen des physischen Körpers sowie Angst, Trauer und Enttäuschungen. Durch Operationen verlässt diese goldene Energie den Körper, sagen die Chinesen.

Um die Körperenergie stets gesund zu halten, empfehle ich das sogenannte gesunde Atmen. Atmen Sie täglich mindestens 15 Minuten lang durch die Nase tief ein und durch den Mund aus. Dieses gesunde Atmen unterstützt Ihre Lunge durch frische Energie und Sauerstoff und bringt verlorene Seelenanteile zurück.

Baba Waljas Rat

Bei Besetzungen handelt es sich um Fremdenergien, die sich in Ihr Aurakostüm einnisten. Schamanen lehren die sogenannte Feuer-Vision, um fremde Energien zu entfernen: Legen Sie sich hin, und stellen Sie sich eine große Feuerstelle vor. Gehen Sie in dieser Meditation in das Feuer hinein. Tanken Sie seine Kraft, und gehen Sie wieder heraus. Bleiben Sie drei Minuten lang liegen, und atmen Sie ein paarmal tief ein und aus. Dann können Sie aufstehen und in den Tag starten.

SEELENSCHÜTZER 83

Nie habe ich genug Geld!

Das liegt daran, dass Ihre Seele sich nicht fokussieren kann und negative Gedankenmuster enthält. Sie ist nicht mutig genug. Mut bedeutet nicht die Abwesenheit von Angst, sondern die Erkenntnis, dass es etwas Wichtigeres gibt als Angst. Wenn Sie Mut haben, können Sie Erfolge und damit Geld anziehen.

Energetische/rituelle Abhilfe: Eine sehr gute Möglichkeit, um negative Gedankenmuster aufzulösen, die sich im Laufe der Zeit festgesetzt haben, ist die geistige Operation mit Kristallen. Man nimmt dazu eine Kristallspitze (z.B. Bergkristall) und stellt sich vor, mit dieser Spitze einen regelgerechten Schnitt auszuführen und alle krank machenden Ansichten und Emotionen, die die Seele nicht mehr benötigt, herauszunehmen. Danach stellt man sich vor, neue Energie in den betreffenden Bereich fließen zu lassen. Zum Schluss wird die Wunde, wie bei einer Operation, gedanklich zugenäht. Der Stein muss danach gereinigt werden. Ganz allgemein bewirkt die geistige Chirurgie, dass alle Schädigungen im Körper aufgelöst werden und die Kommunikation zwischen den Organen wiederhergestellt wird.

Schon seit Jahrzehnten werden auf den Philippinen spirituelle, geistige Operationen durchgeführt. Aus aller Welt reisen Kranke an, um sich behandeln zu lassen. Obwohl die Heiler keine medizinischen Vorkenntnisse haben, erzielen sie große Erfolge. Während sie die Behandlung durchführen, lassen sie sich entweder durch verstorbene Mediziner, die sie als Medium benutzen, oder durch Gott leiten, der ihre Hände lenkt und steuert. Der Körper wird dabei nicht wie in der üblichen Chirurgie mit dem Skalpell geöffnet, sondern entweder durch knetende Bewegungen der Hände oder mit einer kurzen Fingerbewegung. Der Patient hat dabei keine Schmerzen. Die durch die Hände erzeugte Wunde schließt sich wieder, wenn die Hände weggenommen werden, ohne dass eine Narbe zurückbleibt. Während der Behandlung wird häufig organisches Gewebe entfernt. Nach Aussage der Heiler handelt es sich bei dem entfernten Gewebe um krank machende, schädliche Stoffe aus dem Körper des Patienten. Die Geistchirurgie und ihre paranormale Heilwirkung können einen starken Effekt auf die Selbstheilungskräfte des Patienten haben.

Baba Waljas Rat

Seit das erste Geld gedruckt wurde, werden auch Talismane gefertigt, um das Geld und den Wohlstand zu schützen. Zum Beispiel wird in China, dem Reich der Mitte, ein Drache als Geldsymbol verehrt. Aber auch ein Mandarinenbaum gilt als Symbol für Geld. Viele Chinesen pflanzen deshalb zu Hause Mandarinenbäume. In slawischen Ländern ist die Erde das Symbol der Vermehrung. Alles, was mit der Erde zusammenhängt wie Weizen oder ein Hufeisen, wird als Talisman genutzt. Geldtalismane sind gleichzeitig Erfolgsamulette. In Europa steht das Kleeblatt für Glück. Im Norden werden wiederum Amulette aus Apfel- oder Zedernbaumholz gemacht. In Indien wird Lakshmi als Glücksgöttin angesehen, die ebenso wie das Mantra »Om hrim shrim Lakshmi bhyo namaha« Geldsegen bringen soll.

Und so können Sie Ihr eigenes schamanisches Geldamulett herstellen: Nehmen Sie eine Muschel. Legen Sie eine Münze hinein, und träufeln Sie drei Tropfen Basilikumöl darauf. Zünden Sie nun eine kleine grüne Kerze an und tropfen das flüssige Wachs in die Muschel. Lassen Sie die Kerze nun komplett herunterbrennen. Die Muschel sollten Sie entweder im Arbeitszimmer oder in Ihrer Tasche aufbewahren.

SEELENSCHÜTZER **84**

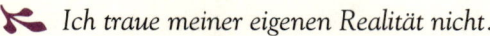 *Ich traue meiner eigenen Realität nicht.*

Das liegt daran, dass Ihre Seele sich neu fokussiert und neue Wege sucht. Solche Umstellungen können die Seele reizen.

Energetische/rituelle Abhilfe: Wir nehmen nur einen Teil der Realität wahr. Denken Sie an die letzte Person, die Sie gestern gesehen haben. Was hatte Sie an? Trug Sie eine Uhr? Erinnern Sie sich daran, was Sie vor vier Tagen gegessen haben. Wissen Sie es noch? Wie viele Zeiger hat Ihre Uhr, und welche Farbe hat das Zifferblatt? Jeder hat eine eigene Realität und sieht in demselben Raum etwas anderes. Jeder nimmt sogar die Farben anders wahr. Beschäftigen Sie sich mit solchen Fragen öfter, dann werden Sie Ihre eigene Realität lieben.

Baba Waljas Rat

Menschen, die sich oft rechts von Ihnen platzieren, sind Ihre Lehrer. Schauen Sie sich diese Menschen genau an. Sie können von ihnen viel lernen. Vollziehen Sie auch ein altes schamanisches Ritual der Fokussierung. Nehmen Sie dazu einen Teller mit etwas Erde. Stecken Sie drei Streichhölzer in die Erde, und zünden Sie sie an. Lassen Sie die Streichhölzer abbrennen, und vermischen Sie die entstandene Asche mit der Erde. Bringen Sie die Erde in die Natur, und werfen Sie sie an einen Baum. Sagen Sie: »Ich bringe alles Unklare zurück und hole meine Klarheit mit mir nach Hause.« Gehen Sie dann nach Hause, und legen Sie sich für eine halbe Stunde hin.

SEELENSCHÜTZER 85

 Im Dunkeln bekomme ich Beklemmungen.

Das liegt daran, dass Ihre Seele mehr Liebe und Licht braucht. Sie wurde vernachlässigt und braucht mehr Austausch mit anderen Seelen.

Energetische/rituelle Abhilfe: Die sogenannte »Theorie U« ist sehr populär geworden. Laut dieser Theorie kann jeder Mensch aus seinem inneren Gefängnis ausbrechen und seine Zukunft positiv verändern. Anders gesagt, man kann lernen, aus der Angst zum Mut zu finden. Öffnen Sie Ihr Denken, Ihr Fühlen und Ihren Willen, so kommen Sie in eine neue Realität. Ängste sind Projektionen und gehören dann nicht mehr zu Ihrer Matrix. Ich vergleiche das gerne mit dem Mikrobiom Ihres Darmes – Sie werden keimfrei geboren, erst danach besiedeln die Bakterien Ihren Darm.

Arbeiten Sie täglich mit Affirmationen wie »Ich bin glücklich« oder »Ich bin das Licht«, Sie werden Ihre Beklommenheit verlieren.

Baba Waljas Rat

Nehmen Sie ein Blatt Papier, und schreiben Sie einen sogenannten Engelbrief. Was Sie schreiben, spielt dabei keine Rolle. Schreiben Sie einfach Ihre Wünsche auf. Nehmen Sie dazu verschiedenfarbige Stifte. Schamanen schreiben den Farben folgende Wirkungen zu: Blau steht für Ruhe, Rot für mehr Elan, Grün wirkt gegen Kummer, Gelb gegen Zweifel und Violett kräftigt Ihren Geist. Falten Sie das Blatt anschließend zusammen und legen es in Ihre Tasche. Tragen Sie es stets bei sich.

SEELENSCHÜTZER 86

Ich fühle mich unwohl in engen Räumen.

Das liegt daran, dass Ihre Seele sich selbst eingeengt hat. Sie atmen nicht vollständig ein und aus. Der Seele fehlt es an Bewegung.

Energetische/rituelle Abhilfe: Wenn Sie mit jemandem unterwegs sind, geben Sie der neben Ihnen sitzenden Person eine Hand. Berühren Sie ihre Hände sanft und sagen Sie: »Gut, dass du da bist.« Dies nimmt Ihnen Ihr Unwohlsein bei Enge.

Baba Waljas Rat

Klaustrophobie ist eine Erkrankung, die mit Medikamenten kaum zu behandeln ist. Es ist eine Angst, die in der Seele wohnt. Dieses Leiden ist im Grunde eine Energie, die eine zu geringe Frequenz hat. Es gibt jedoch eine bewährte schamanische Energiearbeit, die Ihre Beschwerden beseitigen kann: Setzen Sie sich hin, und stellen Sie sich die Angststörung als einen Menschen vor. Er ist in Ihrem Herzen. Stellen Sie sich vor, dass Sie ihn mit einem Löffel füttern. Geben Sie ihm Honig und Süßigkeiten. Damit erhöhen Sie die Frequenz auf ein normales Niveau.

SEELENSCHÜTZER 87

 Ich fühle mich in der Öffentlichkeit unwohl.

Das liegt daran, dass Ihre Seele zu viele Seelenanteile verloren hat. Sie fühlt sich nicht mehr wohl und nicht mehr frei. Wenn Sie die Freiheit aufgeben, um Sicherheit zu gewinnen, werden Sie am Ende beides verlieren. Denken Sie daran!

Energetische/rituelle Abhilfe: Die sogenannte geistige Nahrungsübertragung kann den Stress beseitigen, den man an öffentlichen Plätzen empfindet. Stellen Sie sich vor, einen großen leeren Teller vor sich hin zustellen. Imaginieren Sie nun, dass darauf eine Ihrer Lieblingsspeisen serviert wird. Lassen Sie das Bild dann langsam verblassen. Wenn Ihnen der Teller leer erscheint, lassen Sie ihn geistig verschwinden.

Baba Waljas Rat

Eine beliebte Methode russischer Heiler ist ein Ausgleich der Chakren durch ein Hühnerei. Besonders gut funktioniert dieser, wenn Sie sich in der Öffentlichkeit nicht wohl oder gar schutzlos fühlen. Füllen Sie ein Einwegglas mit kaltem Wasser und schlagen ein frisches Hühnerei hinein. Nehmen Sie das Glas in beide Hände und führen mit ihm Kreisbewegungen im und gegen den Uhrzeigersinn um Ihre Energiezentren am Vorderkörper aus. Beginnen Sie diesen Vorgang am obersten Chakra (Scheitel), und gehen Sie alle sieben Chakren nach unten durch. Kreisen Sie mehrmals nach Gefühl. Das Glas stellen Sie anschließend über eine Nacht an Ihr Bett. In der Früh kippen Sie den Inhalt in die Toilette. Wiederholen Sie diesen Vorgang sechs oder sieben Tage lang.

SEELENSCHÜTZER 88

Ich werde meine Flug- und Höhenangst nicht los.

Das liegt daran, dass Sie Ihre Seele vernachlässigt haben. Sie mögen Ihren Körper nicht mehr. Es können aber auch alte Ängste sein, die womöglich aus dem Vorleben stammen.

Energetische/rituelle Abhilfe: Um solche Ängste zu verarbeiten, können Sie mit Ihren Seelenschnüren arbeiten, von denen jeder Mensch mehrere hat. Setzen Sie sich dazu auf einen Stuhl und stellen sich vor, dass sich in Ihrer Herzgegend eine grüne, dicke Schnur befindet. Ein Ende dieser Schnur ist am Herzen befestigt, und das andere ist frei. Platzieren Sie geistig das freie Ende der Schnur an Ihrem Solarplexus. Atmen Sie nun tief ein und aus. Die Energie Ihres Atems fließt nun vom Herzen zum Solarplexus in diese Seelenschnur und macht sie immer heller. Dabei werden Ängste verarbeitet und Ihr inneres Kind gestärkt.

Baba Waljas Rat

Meine Großmutter half vielen Kranken. Menschen sind oft krank. Doch sollte man den Kranken gegenüber nie missmutig sein, sie können nicht anders. Jeder, der krank geworden ist, sollte versuchen, seinen inneren Heiler zu finden. Dazu legt man sich hin und macht die Augen zu. Dann stellt man sich vor, dass sich im Herzen ein kleiner Heiler befindet. Er wohnt darin. Mit ihm spricht man Klartext, und man gibt ihm Aufgaben. Er soll die Ängste heilen und immer wieder berichten, welche Fortschritte er dabei gemacht hat.

SEELENSCHÜTZER **89**

 *Autofahren stresst mich.*

Das liegt daran, dass Ihre Seele eine geringere Geschwindigkeit aufweist als die Realität um Sie herum.

Energetische/rituelle Abhilfe: Meditieren Sie: Setzen Sie sich gerade auf einen Stuhl. Stellen Sie sich vor, Sie sind eine Königin oder ein König und sitzen auf einem Thron. Atmen Sie tief ein und aus, und wünschen Sie sich etwas. Alles ist nun möglich! Sagen Sie sich innerlich, dass das, was Sie sich wünschen, sofort geschieht. So wird Ihre Seele schneller und Ihre Energie stärker. Machen Sie diese Kurzmeditation an mehreren Tagen hintereinander. Sie werden merken, dass das Autofahren auch Spaß machen kann.

Baba Waljas Rat

Meine Großmutter Baba Walja empfahl bei dem oben genannten Thema, die eigenen Schuhe zu energetisieren. Legen Sie dazu über Nacht einige frische Kräuter in Ihre Schuhe. Nehmen Sie vorzugsweise Rosmarin und Lavendel. Sie machen Ihre Seele schneller und befreien sie von Ängsten und Stress.

SEELENSCHÜTZER 90

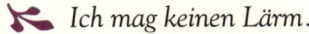 *Ich mag keinen Lärm.*

Das liegt daran, dass Ihre Seele nicht richtig im Körper verankert ist. Bedenken Sie, dass es keine zweite Chance nach dem ersten Eindruck gibt. Konzentrieren Sie sich deshalb immer auf diesen.

Energetische/rituelle Abhilfe: Lärmempfindlichkeit ist ein Erbe aus dem Vorleben. Sie sollten sich einmal mit dem Thema Wiedergeburt beschäftigen. Beantworten Sie zunächst folgende Fragen:

- Was war vor Ihnen, bevor Sie geboren wurden?
- Was wird danach sein, wenn Sie nicht mehr da sind?
- Was würden Sie tun, wenn Sie erfahren, Sie haben noch einen Tag zu leben?
- Was würden Sie tun, wenn Sie erfahren, Sie haben noch einen Monat zu leben?
- Wie wollen Sie sterben?
- Schreiben Sie nun Ihr Testament.

Sagen Sie sich: »Ich möchte ab heute der Mensch sein, der sich liebt und ehrt, dem ich selbst am liebsten begegnen würde. Mich stresst nichts von außen. Ich bin bei mir. Lärm existiert nicht mehr in meinen Gedanken.«

Baba Waljas Rat

Ihre Zellen sind sehr klug und kommunizieren durch magische Felder miteinander. Sie können Ihre Zellen durch eine direkte Ansprache wie »Teilt euch schnell«, »Schottet euch von Lärm ab«

oder »Seid kraftvoll« kontaktieren. Dabei sollten Sie sich von ganzem Herzen wünschen, nicht aufgrund äußerer Umstände krank zu werden. Manche Yogis laufen auf Scherben. Das erzeugt eine besondere Anspannung im Muskelgewebe und aktiviert chemische Prozesse in den Zellen. Dies bringt Heilung, da man damit bildlich über seine Schwäche geht und über der Umgebung steht. Man ist dann fokussiert und ganz bei sich.

SEELENSCHÜTZER 91

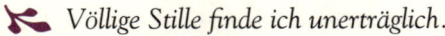 *Völlige Stille finde ich unerträglich.*

Man kann auch auf Stille negativ reagieren. Das liegt daran, dass Ihre Seele ihren Weg noch nicht gefunden hat. Die schönste Zeit im Leben sind die kurzen Momente, in denen Sie spüren, zur richtigen Zeit am richtigen Ort zu sein.

Energetische/rituelle Abhilfe: Wir sind unglücklich, weil wir denken, wenn wir glücklich sind, bräuchten wir noch mehr Glück. Kaum jemandem stehen ausreichend Liebe, Anerkennung oder Geld zur Verfügung. Wenn man etwas hat – und alles ist relativ –, will man noch mehr haben. Affirmieren Sie: »Ich habe alles, was ich brauche, und kann mir alles auf der Welt leisten«, denn so ziehen Sie neue Dinge in Ihr Leben. Sie entscheiden immer selbst über Ihr Leben. Welche Arbeit machen Sie gerade? Wohin fuhren Sie zuletzt in Urlaub? Wer ist Ihr Lebenspartner? All das haben Sie selbst entschieden. Sie haben entschieden, so zu sein und zu leben, wie Sie sind. Und Sie haben eine Wahl getroffen. Sie haben auch heute die Wahl. Viele Entscheidungen haben nur ein Ziel: geliebt zu werden. Entscheidungen sind Gedanken, und Gedanken sind Energie.

Überprüfen Sie Ihre bisherigen Entscheidungen. Machen Sie sich eine Liste, und schreiben Sie auf, wie Sie sich heute entscheiden würden bezüglich der einzelnen Themen. Treffen Sie nun die Entscheidungen, die Sie damals nicht getroffen haben.

Baba Waljas Rat

Was sind für Schamanen die Elemente der Natur? Das sind Energien, die unser Leben mitbeeinflussen. »Element« bedeutet Kraft der Materie. Beispielsweise symbolisiert das Element Feuer die Kraft aller Flammen der Welt. Dieses Element bringt Bewegung in Ihr Leben und verleiht Ihnen ungeahnte Kräfte. Arbeiten Sie täglich mit Kerzen, so werden Sie jeden Tag mehr erleben, und Stille wird Sie nicht mehr nervös machen.

SEELENSCHÜTZER **92**

Ich verreise nicht gern.

Das liegt daran, dass Ihre Seele festgefahren ist. Ihr fehlt es an Freude und an neuen Erkenntnissen. Lachen Sie mehr.

Energetische/rituelle Abhilfe: Beherzigen Sie die folgenden Worte, denn diese kurze Affirmation bringt Ihre Seele in Bewegung:

Niemand kann dein Karma messen
und deine Tage leben.
Nur du alleine kannst alles verändern,
deinen Tag leben und dich bewegen,
deine Seele genesen lassen
dein Leben genießen,
und dich deiner Seele anschließen.

Baba Waljas Rat

Bei Angst vor Reisen empfahl meine Großmutter, das Schlafzimmer zu versiegeln. Nehmen Sie dazu eine Kerze und geben einen Tropfen Olivenöl darauf. Zünden Sie die Kerze an, und tropfen Sie die ersten drei bis fünf Tropfen Wachs auf ein Blatt Papier. Lassen Sie das Papier sieben Tage lang im Zimmer liegen und werfen es anschließend weg. Bemalen Sie nun die Kerze mit beliebigen Farben (am besten haftet Acrylfarbe am Wachs), und behalten Sie die Kerze ein Jahr lang im Zimmer. Ab sofort arbeitet die Kerze als Amulett und Schutz für Ihre Seele.

SEELENSCHÜTZER **93**

 Ich finde größere Menschenansammlungen bedrohlich.

Das liegt daran, dass Ihre Seele gereizt ist und viele Seelenanteile verloren hat. Durch Rückzug versucht sie, diese Anteile zurückzugewinnen.

Energetische/rituelle Abhilfe: Man wird nach Wellen erkannt und eingeteilt, sagen alle Schamanen. Denken Sie nur an die viel zitierte »Wellenlänge«. Menschen reagieren auf die Energie, die Sie in sich haben. Um diese Energie zu stärken, können Sie Folgendes tun: Gehen Sie in einen Wald, und setzen Sie sich unter einen alten Baum. Es spielt keine Rolle, was für einen Baum Sie auswählen. Er muss lediglich einen etwas dickeren Stamm haben. Lehnen Sie sich mit dem Rücken an den Baum, und schließen Sie Ihre Augen. Lauschen Sie bzw. versuchen Sie zu spüren, wie die Energie des Baumes in Sie fließt und Sie nährt. Bleiben Sie zehn Minuten oder länger sitzen und wiederholen den Vorgang jeden Tag, mindestens zehn Tage lang hintereinander. Sie werden merken, dass Menschenansammlungen und eine laute Umgebung Sie nicht mehr nervös machen oder reizen.

Baba Waljas Rat

Wenn Menschen Sie reizen, müssen Sie sich versiegeln. Hier ist ein altes Rezept dafür: Geben Sie täglich einen Tropfen Olivenöl in die Mitte Ihrer linken Hand und einen Tropfen Rosenöl in die Mitte der rechten. Das verdichtet Ihre Aura und schützt Sie vor Energieverlust in einer lauten Umgebung.

SEELENSCHÜTZER **94**

> *Ich lasse mich von ungeduldigen Menschen schnell nervös machen.*

Das liegt daran, dass Ihre Seele langsamer ist als die Seelen Ihrer Mitmenschen. Ungeduld kann nämlich feindliche Gefühle hervorrufen, was in erster Linie Ihrer eigenen Seele schadet. Man sagt: »Meine Feinde kenne ich, meine Freunde nicht. Die Feinde meines Feindes sind meine Freunde.« Da ist was dran!

Energetische/rituelle Abhilfe: Hier ist eine Seelenreinigung für Sie, die man »Reinigung im geschlossenen Kreis« nennt: Falten Sie Ihre Hände wie bei einem Gebet. Achten Sie darauf, aus welcher Hand die Energie herausfließt (gebende Hand) und in welche Hand sie hineinfließt (nehmende Hand). Die gebende Hand bei Männern ist die rechte, die gebende Hand bei Frauen ist die linke. Die nehmende Hand bei Männern ist die linke und bei Frauen die rechte. Stellen Sie sich vor, dass die Energie aus der gebenden Hand mit ständig zunehmender Geschwindigkeit in die nehmende Hand fließt. Versuchen Sie sich vorzustellen, dass die Energie durch die Hände über die Ellenbogen und die Schultern fließt und so den Kreis schließt. Stellen Sie sich die Bewegung der Energie vor. Setzen Sie sich dann auf einen Stuhl. Legen Sie Ihre linke Hand auf die rechte Fußsohle, und stellen Sie sich vor, wie die Energie in diesem geschlossenen Kreis fließt. Machen Sie dasselbe mit der rechten Hand und der linken Fußsohle. Sie werden merken, dass Sie und Ihre Mitmenschen ruhiger werden.

Baba Waljas Rat

In Russland stellen viele Schamanen sogenannte lebendige Amulette für verschiedene Lebensbereiche her. Eines davon dient dem Schutz Ihrer eigenen Energie, damit Sie sich von anderen nicht stressen lassen; denn die Ungeduld anderer Menschen kann sogar krank machen. Was sind lebendige Amulette? Das können in erster Linie Kränze aus verschiedenen Zweigen sein, meistens werden Sie jedoch aus Eiche oder Birke geflochten. Andere Schamanen stellen diese Amulette aus Holz oder Knochen her. Diese werden geschnitzt. Binden Sie einfach mehrere Zweige zu einem Kranz zusammen, und schmücken Sie ihn mit Schleifen und Blumen. Von nun an unterstützt der Kranz Ihre Ausstrahlung und lässt Menschen auf Sie anders reagieren. Lassen Sie den Kranz ein Jahr lang wirken. Legen Sie ihn einfach irgendwo in Ihrer Wohnung hin oder hängen Sie ihn an eine Wand.

SEELENSCHÜTZER 95

Ich habe Angst davor, verurteilt zu werden.

Das liegt daran, dass Ihre Seele zu ängstlich ist. Damit zieht sie unangenehme Ereignisse ins Leben. Es schwimmen jedoch nur tote Fische mit dem Strom. Sie müssen keine Ängste haben, schauen Sie stets nach vorn, und Sie erreichen Ihre Ziele.

Energetische/rituelle Abhilfe: Im Herzen haben wir drei Kammern: die Kammer der eigenen Lebenskraft, die Kammer der kosmischen Energie und die Kammer der Kundalinikraft (Erdung). All diese Kammern können Ängste speichern. Man kann diese Ängste jedoch auflösen. Setzen Sie sich dazu einfach bequem hin. Konzentrieren Sie sich auf Ihren Herzschlag. Stellen Sie sich das Herz nun bildlich vor. Sehen Sie es als ein Gefäß, bestehend aus drei Kammern. Jede dieser Kammern ist mit einem Ablaufhahn versehen und mit einer dunklen Flüssigkeit gefüllt. Öffnen Sie nun nacheinander alle drei Hähne und lassen Sie die dunkle Flüssigkeit abfließen. Dieser Vorgang reinigt das Herzchakra.

Baba Waljas Rat

Sie können Ihr Herz durch ein altes sibirisches Versiegelungsritual schützen. Nehmen Sie etwas Salatöl auf die Zeige- und Mittelfinger der rechten Hand, und zeichnen Sie ein gleichschenkliges Kreuz auf Ihre Herzgegend. Diese sogenannte Segnung des Herzens öffnet das Herz und schützt gleichzeitig vor Ängsten.

SEELENSCHÜTZER **96**

 Der Umgang mit Behörden macht mich nervös.

Das liegt daran, dass Ihre Seele Angst vor neuen Wegen hat. Wenn Ämter und Behörden Sie nervös machen, sind Sie womöglich auf einem falschen Weg und müssen neue Wege suchen.

Energetische/rituelle Abhilfe: Meditieren Sie, um Ihre Nervosität abzulegen. Setzen Sie sich dazu bequem hin, und schließen Sie Ihre Augen. Stellen Sie sich vor, Sie sind ein ungeborenes Kind im Unterleib Ihrer Mutter. Sie sehen eine Sonne oberhalb Ihres Kopfes. Das Licht ist sehr hell. Das ist die Plazenta Ihrer Mutter. Nun steigen Sie zu der Sonne auf und werden geboren. Sie sehen zum Himmel und sehen eine neue Sonne. Sie scheint noch heller als die erste. Das Universum ist mit Ihnen schwanger. Nun stellen Sie sich vor, Sie liegen im Sterben und steigen wieder zu der Sonne auf. Sie gehen fort und sehen eine neue Sonne oberhalb Ihres Kopfes. Sie ist das pure Licht, eine neue Sonne – die Sonne der Engel. Genießen Sie den Moment. Sie haben nichts zu verlieren, sondern können nur gewinnen.

Baba Waljas Rat

Wenn Sie neue Wege beschreiten müssen, machen Sie Folgendes: Nehmen Sie ein Foto von sich und rollen es zu einem Röhrchen. Umwickeln Sie dieses Röhrchen mit rotem Nähzwirn und legen es über eine Nacht bei Vollmond irgendwo hin. Das Foto wird nun mit neuer Energie geladen. Legen Sie das Röhrchen für eine unbestimmte Zeit in Ihre Handtasche.

SEELENSCHÜTZER 97

Ich langweile mich oft.

Das liegt daran, dass Ihre Seele neue Ziele braucht. Sie sind mehr Körper als Geist. Dadurch leiden Ihre Energiezentren, die Chakren. Nehmen Sie sich höhere Ziele vor. Viele Menschen sagten schon: »Das geht nicht!«, doch dann kam jemand, den das nicht kümmerte und der es einfach machte. Dieser Jemand können Sie selbst sein!

Energetische/rituelle Abhilfe: Aktivieren Sie immer wieder Ihre Chakren. Das ist die einfachste Möglichkeit, die eigene Seele zu stärken. Führen Sie folgende Übung aus: Entspannen Sie sich zunächst einige Minuten lang, und lassen Sie Ihren Geist zur Ruhe kommen. Setzen Sie sich dann bequem hin. Stellen Sie sich über Ihrem Kopf eine Kugel aus weißem Licht vor. Lassen Sie diese Kugel vibrieren, und sagen Sie eine Minute lang das Wort »Seele«. Sie werden fühlen, dass ungeheuer viel Energie in Sie strömt. Danach stellen Sie sich vor, dass ein weißer Strahl vom Kronenchakra nach unten fließt und dort eine weitere Kugel bildet, deren Zentrum Ihr Kehlkopf ist. Die Kugel füllt das Chakra bis zu Ihren Augenbrauen. Stellen Sie sich die Kugel wiederum als weißes Licht vor. Der weiße Strahl führt nun abwärts bis zum Solarplexus, wo er sich zu einer neuen Kugel formt. Folgen Sie dem Strahl vom Solarplexus hinab in den Beckenbereich unter dem Nabel. Auch hier stellen Sie sich eine weiße Kugel ungefähr so groß wie die darüber liegende vor. Folgen Sie dem Strahl weiter bis zu den Füßen. Behalten Sie das Bild vor Augen, und beenden Sie die Übung nach ein paar Minuten. Wenn Sie diese Übung beherrschen, können Sie sich die einzelnen Kugeln in der jeweiligen Chakrafarbe vorstellen. Das Kronenchakra bleibt aber immer weiß. Diese Übung bewirkt neben einem Energieausgleich auch die Aufnahme großer Mengen an neuen Energien, die sowohl die Gesundheit fördern als auch die Spiritualität wecken.

Baba Waljas Rat

Stellen Sie sich Ihren eigenen Traumfänger her! Ein Traumfänger ist eigentlich nicht für das Fangen der Träume gedacht. Er symbolisiert für Schamanen drei Welten und drei Zeiten, die miteinander verbunden werden. Dies ermöglicht die Fokussierung im Hier und Jetzt. Jede gezogene Linie ist ein Teil der Lebensmatrix, so die Schamanen. Die zuerst gezogenen parallelen Linien stehen für die Vergangenheit und die untere Welt. Die nächsten Linien, die senkrecht auf die ersten gelegt werden (im 90-Grad-Winkel), stehen für die Gegenwart und die mittlere Welt. Die diagonal gelegten Linien stehen für die Zukunft und die oberste Welt der Schamanen. Die letzten Linien werden an die ersten und die danach folgenden geknüpft, damit die Zukunft sicherer wird. Mit diesem Werkzeug behandeln Schamanen die Aura und beseitigen Besetzungen (Fremdenergien) und negative Emotionen wie Wut aus dem Aurafeld. Bei der Herstellung des Traumfängers für eine bestimmte Person flechten sie zudem gewisse Themen und Probleme dieser Person in das Werkzeug ein.

SEELENSCHÜTZER 98

Das tägliche Einerlei nervt mich.

Das liegt daran, dass Ihre Seele dort Probleme sucht, wo keine sind. Sie vertrauen Ihren Mitmenschen und sich selbst nicht. Vertrauen ist jedoch eine Oase im Herzen, die vom Denken nie erreicht wird.

Energetische/rituelle Abhilfe: Wenn Sie immer wieder auf alles Mögliche genervt reagieren, sollten Sie Ihre Aura abdichten. Stellen Sie sich dazu mit geschlossenen Augen Ihre Aura vor. Sie ist wie ein Kokon um Ihren Körper. Stellen Sie sich nun vor, um diesen Kokon bildet sich ein weiterer Kokon, eine Art Ring. Schieben Sie jetzt gedanklich aus der Aura Energie in diesen Ring. Das stärkt Ihre Ausstrahlung und dient als Schutz.

Baba Waljas Rat

Das alte Wissen wird nie in Vergessenheit geraten – es hat Jahrtausende überlebt. Hier sind ein paar Beispiele für das Wissen der Ahnen: Schlafen Sie mit dem Kopf in Richtung Norden. Das verhilft Ihnen zu mehr Gesundheit und bringt gute Träume. Schlafen Sie mit dem Kopf in Richtung Süden, dann macht Sie das nervös und tagsüber schläfrig. Zudem leidet Ihre gesunde Gesichtsfarbe darunter. Schlafen Sie mit dem Kopf in Richtung Westen, kann das viele Erkrankungen bringen und ist deshalb zu vermeiden. Schlafen Sie mit dem Kopf in Richtung Osten, kommen Sie auf gute Ideen und können sich täglich energetisch austoben. Beherzigen Sie die Bedeutung Ihres Schlafplatzes. Wenn er richtig gewählt ist, kann keine Situation Sie mehr nervös machen.

SEELENSCHÜTZER 99

🔖 *Wetterphänomene wie Hitze oder große Kälte laugen mich aus.*

Das liegt daran, dass Ihre Seele zu unbeweglich und womöglich festgefahren ist. Sie braucht Bewegung und Entwicklung.

Energetische/rituelle Abhilfe: Das Karma ausleben heißt das Leben auskosten! Versuchen Sie, jeden Tag etwas Neues zu erleben. Alleine das bringt Sie weiter. Stecken Sie sich auch neue Ziele. Jedes Ziel ist wie eine Energie, die Ihre Seele nährt. Nehmen Sie sich vor, jeden Tag etwas Bestimmtes zu schaffen. Schreiben Sie Ihre Ziele auf ein Blatt Papier. Wenn die Liste voll ist, verbrennen Sie das Papier. Das Feuerelement stärkt Ihre Seele.

Baba Waljas Rat

Meine Großmutter hat folgende Meditation empfohlen: Stellen Sie sich vor, Sie liegen alleine in einem dunklen Wald auf dem Boden. Die vollkommene Ruhe um Sie herum bringt Ihnen Ausgleich und Wärme. Diese Wärme reicht jedoch nicht aus, um Ihren Körper zu wärmen. Stellen Sie sich deshalb nun vor, dass die Bäume um Sie herum ihre Kronen öffnen und sich zur Seite neigen. So gelangen die Sonnenstrahlen direkt zu Ihnen. Sie spüren sofort, dass Sie nun genug Wärme im Körper haben. Genießen Sie den Moment.

SEELENSCHÜTZER **100**

Ich habe Angst vor dem bösen Blick.

Das liegt daran, dass Ihre Seele zu unruhig ist und eventuell bereits Erfahrungen mit magischen Themen gemacht hat.

Energetische/rituelle Abhilfe: Hier ist eine Übung für Sie, die Ihre Seele beruhigen wird: Legen oder setzen Sie sich hin. Ihr Kopf und Ihre Wirbelsäule sollten gerade nach oben zeigen. Legen Sie die Zunge an den Gaumen und atmen Sie tief durch den Bauch. Schließen Sie die Augen, und lassen Sie die Gedanken vorüberziehen. Stellen Sie sich nun vor, wie goldene Energie von Ihrem Wurzelchakra aus durch die Wirbelsäule bis zum Kopf fließt. Atmen Sie dabei ein. Im Kopf sammelt sich diese Energie zu einer Kugel. Sie strömt beim Ausatmen über die Brust Ihren Körper entlang hinunter bis zum Wurzelchakra und schließt so den Kreislauf. Beim erneuten Einatmen ziehen Sie die Energie die Wirbelsäule entlang wieder nach oben.

Baba Waljas Rat

Legen Sie sich einen Glücksmagneten zu. Meine Großmutter schwor darauf. Ihr Geist zieht das große Glück des Lebens an, wenn er betätigt wird. Nehmen Sie einen Magneten in Ihre Tasche. Immer wieder, wenn Sie über etwas nachdenken, nehmen Sie den Magneten in Ihre Hände und stellen sich vor, dass er Glück in Ihrem Leben anzieht. Das Leben ist wie ein Krimi, in dem Sie die Hauptrolle spielen. In diesem Krimi sollte man vor Manipulationen geschützt bleiben. Der Magnet erfüllt diese Funktion.

ANHANG

SEELENINSPIRATIONEN UND MEDITATIONEN

Die alte Weisheit, dass Körper, Geist und Seele zusammengehören, ist ein Baustein der Selbstheilung. Man sollte deshalb versuchen, ganzheitlich zu denken und zu handeln. Die Seele speichert unsere Bedürfnisse und Wünsche in der Aura. Das ist die sogenannte seelische Botschaft. Man kann diese ans Universum senden, wenn genug Energie zur Verfügung steht. Die Energie kann aus Naturelementen und Kraftobjekten wie beispielsweise den sogenannten Chi-Platten, die ich Ihnen gleich vorstellen möchte, gewonnen und als eine Art Post verwendet werden. Diese Platten werden aus Edelsteinen hergestellt. Edelsteine sind alte Erdbewohner. Sie haben einen Geist und eine besondere Energie. Seit Jahrtausenden stellen Menschen Amulette, Handschmeichler oder eben auch diese Platten aus Edelsteinen her. Wir können mit ihrer Hilfe die Energie unserer Seele steigern und dafür die sogenannten Chi-Platten nutzen. Das sind drei runde Edelsteinplatten. Dabei spielt es keine Rolle, welche Edelsteine das sind. Die Platten erzeugen eine Vibration für die Seele und stimmen diese auf die Planetenenergie ein. Jede Platte steht symbolisch für eine besondere Seelenebene und erzeugt deren Schwingung (Frequenz):

1. *Ebene*: Seelenebene der Reife. Diese Platte lässt die Seele in die hohe Frequenz der Reife kommen. So kann man seine Talente erkennen und ausleben. Diese Platte unterstützt den Körper.

2. *Ebene*: Seelenebene des Werdens. Diese Platte löst Probleme. Ihre Frequenz unterstützt das Seelenwachstum.

3. *Ebene*: Spirituelle Ebene. Diese Platte lässt das alte Wissen zu, das die Seele aus den Vorleben mitgebracht hat. Dieses Wissen steht damit der Seele zur Nutzung zur Verfügung. Diese Platte unterstützt den Geist.

Die Kombination der Platten bezeichnet man als Seelensteine. Die 1. Ebene der Platte hat das Ziel, Sie und Ihr Gewissen zu säubern. Die 2. Ebene bringt mehr Philosophie in Ihr Leben. Die 3. Ebene verarbeitet Ihr Karma. Sie sind der Vermittler zwischen Himmel und Erde und ein Informationsträger. Wenn Sie die drei Platten aufeinanderlegen, entsteht eine hohe Frequenz, die Ihre Seele wachsen lässt. Die Platten stärken Ihr Energiefeld und lassen Ihre Energiekreise wachsen. Ich rate Ihnen deshalb, öfter mit Edelsteinen zu arbeiten.

Wir sehen unsere Welt durch die Augen. Die Netzhaut nimmt Informationen auf und sendet diese ans Gehirn zum Dekodieren. Das wahrgenommene Licht (Wellen) wird in Energie umgewandelt, die Ihre Organe und Psyche nährt. Die größte Rolle bei dieser Umwandlung spielt die Zirbeldrüse, die das 3. Auge und das endokrine System regiert. Durch die Produktion von Melatonin reguliert diese Drüse die Lebenszyklen. Das Lichtspektrum, also die Wellenlängen des für das menschliche Auge sichtbaren Lichts, reicht von Ultraviolett bis Infrarot. Durch Edelsteine werden nicht nur die wahrgenommenen Wellen und die Farben verändert, sondern auch die Energie, die durch die Lichtwelle übertragen wird. Alle durchsichtigen Steine könnte man auf die Augen legen und durch sie sehen. Undurchsichtige Steine sollten auf kranke Stellen gelegt oder getragen werden. Edelsteine, die auf der Haut getragen werden, wirken schnell auf den Körper. Edelsteine, die in Gold oder Silber gefasst als Ring oder Ohrring getragen werden, wirken schwächer.

Hier finden Sie eine Liste der wichtigsten Steine, die Sie täglich benutzen können:

- Achat macht potent, schützt den Organismus vor negativen Energien und verjüngt den Körper.
- Amazonit hilft gegen Stress und Kummer.
- Amethyst verbessert den Schlaf.
- Bergkristall wirkt gegen Schmerzen und bringt Anerkennung.

- Bernstein hilft dem Halschakra und ist wichtig, um gewisse Dinge auszusprechen.
- Chrysolith versorgt mit Antistress-Energie und macht gelassen. Er wird bei psychischen Leiden empfohlen.
- Chrysopras wirkt gut auf die Augen und lindert Augenschmerzen.
- Jaspis hilft bei der Menopause und gegen Stress.
- Onyx verbessert die Verdauung.
- Rauchquarz hilft gegen Sucht und zieht angenehme Menschen ins Leben.
- Zirkon verbessert das Gedächtnis und wirkt positiv auf das Gehirn.

Selbstheilung passiert im Kopf. Nun können Sie die Gedanken im Kopf nicht immer lenken. Sie haben im Leben viel zu tun, und Ihr Kopf ist eben voller Themen. Um die Selbstheilung zu aktivieren, brauchen Sie jedoch einen freien Kopf. Eine Meditation macht es möglich, den Kopf abzuschalten und die Alltagsprobleme zu vergessen. Meditation ist kein Glaube, sie ist eine Lebenseinstellung. Um zu meditieren, brauchen Sie nur Ruhe und Zeit. Meditationen sind uralte überlieferte Techniken der Bewusstseinserweiterung, um zur eigenen goldenen Mitte zu finden. Jeder kann meditieren, und es gibt Tausende Wege dafür. Die Meditation selber besteht darin, dass Sie sich bequem hinlegen oder hinsetzen und sich entspannen. Sie befreien sich durch Meditation von alltäglichen Lasten und Gedanken, und können sich selbst dadurch neu einstimmen. Eine Meditation ermöglicht Ihnen zusätzlich eine tiefere Wahrnehmung der Gegenwart und der Zukunft. Es ist einfach großartig zu meditieren! Durch diesen bewussten Wechsel lernt Ihr Bewusstsein, neue Ebenen des Daseins zu erreichen. So können Sie beginnen, die Welt anders wahrzunehmen. Eigentlich sehen Sie sie dann so, wie sie tatsächlich ist. Die Meditation bietet Ihnen die Möglichkeit, die Welt mit den Augen eines Kindes zu sehen und richtig zu entscheiden. Es gibt mehrere Meditationstechniken, genauer gesagt eine sehr große Anzahl davon. Einige möchte ich Ihnen hier vorstellen.

Die violette Energie ist eine hochfrequente Energie, die von russischen spirituellen Meistern bereits seit sehr langer Zeit zur Heilung verschiedener energetischer Muster eingesetzt wird. Diese Energie stellt einen Strahl des Universums dar. Sie ist für jeden geeignet, der sich spirituell weiterentwickeln will. Also – legen Sie sich möglichst bequem und entspannt auf den Rücken. Leeren Sie Ihren Kopf. Machen Sie Ihre Augen zu. Zählen Sie rückwärts von 20 auf 0 und visualisieren dann, dass Sie Ihre Aura von der Seite sehen. Sehen Sie schwache oder verdunkelte Stellen? Dann werden Sie diese nun beseitigen können. Stellen Sie sich vor, wie ein Strahl aus purem violettem Licht auf die schwachen Stellen der Aura trifft und sie langsam heilt. Stellen Sie sich weiter vor, dass um Ihren Körper eine Pyramide steht. Durch die Spitze der Pyramide wird nun ein weiterer (violetter) Lichtstrahl aus dem Universum zu Ihnen kommen. Sie sehen ihn und lassen ihn durch die Pyramidenspitze einfließen. Die Energie fließt schnell und dringt in die Pyramide ein. Öffnen Sie gedanklich die Spitze der Pyramide so weit, dass das Licht ungehindert fließen kann. Nun fließt die Energie in Ihren Körper. Genießen Sie den Moment.

Meine Lieblingsmeditation

Diese Meditation bringt Sie in einen kompletten energetischen Ausgleich. Sie balancieren dadurch Ihre Energie. Zuerst richten Sie Ihre Wirbelsäule gerade.

Fangen Sie mit dem Steißbein an. Suchen Sie nach dem Problem. Wenn Rückenschmerzen vorliegen, dann gibt es immer Probleme mit den Chakren. Geben Sie visuell ein Licht in das Steißbein. Rot – Orange – Gelb – Grün – Blau – Hellblau – Violett – Weiß – schimmerndes Hellblau. Nun versuchen Sie, die Wärme zu spüren. Diese Wärme ist wie ein Ball, ein Ball, der im Steißbein liegt.

Gehen Sie nun Richtung Unterleib. Geben Sie auch hier alle Farben hinein.

Erspüren Sie das Licht im Magen. Es ist genauso wie beim Essen – man isst etwas, und die Speise geht von alleine in den Magen, so auch hier: aufnehmen, schlucken, nach unten gehen lassen.

Nun gehen Sie zu Ihrem Solarplexus, Richtung Nabel. Gehen Sie nach dem gleichen Schema vor.

Nun gelangen Sie zum Herz. Ab hier fließt die Energie von alleine. Wohin fließt Sie? Sie fließt zum Problem.

Fließt die Energie zu den Füßen? Dann haben sie zu viel Bewegung und powern (laufen) für andere Menschen.

Zum Kopf? Dann denken Sie zu viel oder werden dazu gezwungen.

Zu den Händen? Dann machen Sie für andere mehr als für sich selbst.

Bleibt sie im Herz stecken, dann lieben Sie zu viele andere Menschen und vergessen sich selbst.

Zum Hals? Dann haben Sie ein zu großes Ego.

Die geheime Edelstein-Meditation der Neuzeit

Seien Sie willkommen! Ich begrüße Sie bei der Edelstein-Meditation der Neuzeit. Wir leben in der Neuzeit. Die Zeit der verstärkten Impulse verleiht Ihnen eine unheimliche Kraft und verbindet Sie mit Mutter Natur. Diese Meditation ermöglicht es Ihnen, Ihren Kopf abzuschalten, frische Energie zu tanken und alle Alltagsprobleme zu vergessen. Machen Sie diese Meditation einmal täglich. Um zu meditieren, brauchen Sie nur Ruhe und etwas Zeit.

Sie werden schnell merken, wie gut diese Meditation Ihnen tut.

Für diese Meditation brauchen Sie außerdem fünf gewöhnliche Steine aus einem Wald oder Edelsteine und ein Glas Wasser. Ich empfehle Ihnen, fünf kleine Amethyste zu verwenden. Die Zahl Fünf steht für den Menschen selbst. Legen Sie drei Steine so auf den Boden, dass sie ein großes Dreieck bilden, in das Sie sich legen können. Platzieren Sie einen Stein oberhalb Ihres Kopfes und zwei weitere unter Ihren Füßen. Den vierten Stein legen Sie bitte in das Glas mit dem Wasser. Lassen Sie das Glas irgendwo in der Nähe stehen, auf dem Boden oder auch auf einem Tisch. Den fünften Stein halten Sie bitte in Ihrer linken Hand. Machen Sie eine Faust, und halten Sie ihn fest. Er wird Ihnen wie eine Antenne helfen, alles Negative zu entladen und die frische Energie aufzutanken. Beginnen wir nun mit der Meditation:

Legen Sie sich bequem hin und atmen Sie zuerst tief ein und aus.

Atmen Sie ruhig.

Sie sind entspannt und lassen alle Sorgen los.

Sie werden immer gelassener.

In diesem Moment interessiert Sie nichts mehr.

Spüren Sie die innere Ruhe.

Schließen Sie Ihre Augen, und zählen Sie rückwärts von 20 auf 0.

20
   19
     18
       17
         16
           15
             14
               13
                 12
                   11
                     10
                       9
                         8
                           7
                             6
                               5
                                 4
                                   3
                                     2
                                       1
                                         0

Denken Sie nun an einen Strand.

Stellen Sie sich ihn vor.

Schön ruhig …

Denken Sie an die Wellen des Meeres.

Stellen Sie sich vor, wie schön das Geräusch von Wellen ist.

Es ist da.

Diese Wellen berühren Ihre Füße.

Sie berühren Ihre Arme.

Sie berühren Ihren gesamten Körper.

Sie bekommen ein ganz sanftes Gefühl, weil die Wellen Sie berühren.

Sie sehen blaues Wasser, das Sie reinigt.

Sie haben nun ein Schwebegefühl.

Sie sind ganz leicht.

Lassen Sie es geschehen.

Das Wasser erreicht nun jeden Zentimeter Ihres Körpers und gibt Ihnen Kraft.

Tanken Sie diese Kraft.

Lassen Sie sie zu.

Nun achten Sie auf Ihren Atem – werden Sie sich des sanften Fließens von Ausatmen und Einatmen bewusst.

Folgen Sie diesem Fluss, ohne etwas zu verändern.

Sie werden bemerken, dass Ihr Atem ganz von allein funktioniert.

Atmen Sie weiter.

Lassen Sie mit jedem Ausatmen die Anstrengungen des Tages wie Stress, Eile, Ärger und Sorgen einfach gehen.

All das fließt mit dem Ausatmen mühelos weg.

Alles Negative löst sich auf.

Mit jedem Ausatmen sind Sie freier und lockerer.

Entspannter und gelassener.

Achten Sie auf Außengeräusche, und lassen Sie sie gehen. Sie verschwinden.

Jetzt lenken Sie Ihre Konzentration auf das Einatmen.

Mit jedem Einatmen atmen Sie Licht und Leichtigkeit ein.

Sie atmen Ruhe und Gelassenheit ein.

Sie spüren Frieden und Geborgenheit.

Mit jedem Einatmen sinken Sie tiefer in Ihre Mitte.

Konzentrieren Sie sich auf den Stein in Ihrer Hand.

Er ist mittlerweile ein Teil von Ihnen.

Er ist warm geworden und kommuniziert mit jeder Zelle Ihres Körpers.

Versuchen Sie ihn zu fühlen.

Er ist sehr kraftvoll.

Versuchen Sie ihn geistig zu sehen.

Der Stein gibt Ihnen das Gefühl, eins mit dem Universum zu sein.

Genießen Sie den Moment.

Der Stein gibt Ihnen seine Kraft. Diese Kraft fließt in jede Zelle Ihres Körpers.

Sie können diese Kraft spüren.

Legen Sie den Stein nun auf Ihren Nabel, damit er seine Kräfte auch dorthin leiten kann.

Atmen Sie ruhig weiter.

Mit jedem Einatmen fühlen Sie die Kraft des Steines, die sich in Ihrem Bauch ausbreitet.

Genießen Sie dieses Gefühl.

Denken Sie nichts, genießen Sie den Augenblick.

Atmen Sie ruhig weiter.

Mit jedem Einatmen werden Sie sich Ihres Herz-Zentrums bewusster.

Immer mehr, immer deutlicher spüren Sie Ihr Herzchakra.

Nehmen Sie nun den Stein in die Hand und legen ihn auf die Herzgegend.

Lassen Sie den Stein dort liegen.

Sie verspüren eine Leichtigkeit in Ihrem Herz. Das Herz ist ruhig.

Es wird nun durch die Kraft des Steines gestärkt.

Diese Kraft fließt sanft in das Herz hinein.

Lassen Sie es geschehen.

Stellen Sie sich nun eine Blume im Herzen vor, die langsam ihre Blätter entfaltet.

Wenn Sie wollen, können Sie Ihre rechte Hand auf die Herzgegend legen.

So werden Sie die liebevolle Energie Ihres Herzens deutlicher spüren.

Gehen Sie mit Ihren Gedanken tief und sanft in Ihr Herz hinein.

Schauen Sie Ihr Herz an.

Wie sieht es in Ihrem Herzen aus?

Ist es liebevoll?

Dann freuen Sie sich darüber und lassen es so, wie es ist.

Finden Sie dort Schmerz, Trauer oder Ungeduld?

Spüren Sie Kälte oder Verhärtungen?

Dann bitte ich Sie, diese mit Ihrem Atem aufzulösen.

Stellen Sie sich vor, dass der Atem direkt in Ihr Herz hineingeht und alles Negative auflöst.

Stück um Stück.

Mit dem Ausatmen wird alles losgelassen.

Nun leuchtet Ihr Herz sehr hell.

Sie können viel Liebe und Wärme spüren.

Mit jedem Einatmen spüren Sie immer mehr davon.

Ihr Herz beginnt zu strahlen, sein goldenes Licht erfüllt Ihren ganzen Körper.

Dieses Licht strahlt von Ihrem Herzen aus in die:

Brust,

Arme,

Hände,

in den Hals und Kopf,

in den Bauch,

das Becken,

Ihre Beine und die Füße.

Sie sind ein strahlendes Wesen.

Genießen Sie diese Energie.

Sie ist warm.

Sie sind die Wärme!

Nehmen Sie den Stein nun in Ihre rechte Hand und legen ihn auf die Stirn.

Dies ist die Gegend des 3. Auges.

Sie steht für Intuition und Gefühl.

Lassen Sie den Stein wirken. Er stärkt Ihre Intuition.

Sie fühlen die Kraft des Steines, wie sanft sie in die Stirn einfließt.

Stellen Sie sich hier nun eine Blume, die langsam ihre Blätter entfaltet, vor.

Sie ist violett.

Je mehr sich die Blüte entfaltet, desto mehr spüren Sie die Verbindung zum Universum.

Genießen Sie den Moment.

Spüren Sie die Verbindung zum Göttlichen.

Atmen Sie tief ein und aus.

Der Stein auf Ihrer Stirn ist die Mutter der Steine.

Sie sorgt sich um Sie und Ihren Geist.

Achten Sie auf die Bilder, die nun kommen.

Atmen Sie tief ein und aus.

Sie sind ruhig und gelassen.

Es kann Ihnen nichts geschehen.

Sie sehen Licht.

Sie fühlen sich gut und stark.

Sie sind einzigartig, und Sie werden sich immer bewusster, dass Sie der wichtigste Mensch sind.

Sie sind der Mittelpunkt Ihres Lebens.

Sie sind wichtig!

Sie sind durch die Kraft des Steines gestärkt und können es fühlen.

Sie können sich nun an alles trauen.

Atmen Sie ruhig weiter.

Bleiben Sie nun ein paar Minuten lang liegen.

Genießen Sie diese Kraft.

Genießen Sie sich!

Sie sind in Ihrer goldenen Mitte angekommen.

Alles ist geregelt.

Es geht Ihnen gut.

Spüren Sie Ihren Körper.

Er ist kräftig und stark.

Werden Sie sich bewusst, wie stark Sie sind!

Machen Sie nun Ihre Augen langsam auf.

Sehen Sie sich um.

Nehmen Sie den Stein in Ihre rechte Hand, und bedanken Sie sich beim ihm für seine Arbeit.

Nun können Sie sich langsam setzen.

Bleiben Sie eine Minute im Stein-Dreieck sitzen.

Bedanken Sie sich bei den am Boden liegenden Steinen.

Stehen Sie nun auf.

Langsam.

Sehen Sie sich noch einmal um und freuen sich, dass alles so hell und friedlich um Sie herum ist.

Trinken Sie anschließend das Edelsteinwasser.

Es bringt Ihnen noch mehr Stärke!

Bedanken Sie sich beim letzten Stein für seine Kraft.

Freuen Sie sich, dass Sie da sind, und die Natur wird Ihnen danken.

Bitte halten Sie anschließend alle Edelsteine eine Minute lang unter fließendes Wasser, und legen Sie sie dann an eine sonnige Stelle zum Auftanken.

Viel Erfolg!

Krafttier-Meditation zur Zellerneuerung

Herzlich willkommen bei dieser schamanischen Krafttier-Meditation der Neuzeit – der Meditation mit dem Bären, Puma und Wolf.

Legen Sie sich bequem hin.

Entspannen Sie sich.

Lassen Sie all Ihre Sorgen weg.

Ihr Kopf ist frei von Gedanken.

Es kann Ihnen nichts geschehen.

Spüren Sie innere Ruhe und Harmonie.

Atmen Sie sieben Mal tief ein und aus.

Schließen Sie sanft Ihre Augen, und zählen Sie rückwärts von 10 auf 0:

10

   9

      8

        7

          6

            5

              4

                3

                  2

                    1

                      0

Denken Sie nun an eine Wiese.

Sie ist grün, voller Kräuter und Blumen.

Die Wolken am Himmel ziehen vorbei.

Die Luft ist frisch.

Atmen Sie sie ein.

Spüren Sie diese Frische.

Atmen Sie ein und aus.

Der Sauerstoff wird beim Einatmen jede Ihre Zelle erreichen.

Sie fühlen sich immer stärker und sicherer.

Atmen Sie Ihre Sorgen aus.

Mit jedem Ausatmen merken Sie Ihre innerliche Ruhe und Gelassenheit.

Es kann nichts geschehen.

Sie sind sicher.

Erinnern Sie sich an die schönsten Momente Ihres Lebens.

Erinnern Sie sich an die Natur.

Denken Sie an einen Wald.

Er ist stark und mächtig.

Jeder Baum dieses Waldes hat seine besondere Geschichte.

Jeder Baum ist weise.

Stellen Sie sich vor, dass eine alte Eiche vor Ihnen steht.

Gehen Sie zu ihr.

Umarmen Sie den Baum und bitten ihn um Hilfe.

Die Eiche gibt Ihnen nun Kraft und Zuversicht.

Genießen Sie den Moment.

Legen Sie sich nun vor der Eiche hin.

Vertrauen Sie.

Sie sind nun vollkommen entspannt und für eine schamanische Meditation bereit.

Stellen Sie sich vor, dass ein großer Bär auf Sie zukommt.

Er ist langsam.

Er ist Ihr Freund.

Er ist bei Ihnen.

Umarmen Sie den Bären und bitten ihn, Ihre Leiden abzunehmen.

Lassen Sie den Bär los.

Der Bär wird Sie von Ihren Leiden befreien.

Er gilt als Krafttier, der neue Energie spendet.

Der Bär fängt mit seiner Arbeit an Ihrem Körper an.

Er leckt ihn ab.

Nun frisst der Bär Ihre Haut.

Stück für Stück.

Sie sehen sich ohne Haut liegen.

Sie sehen Ihre nackten Muskeln.

Sie spüren Erleichterung.

Nun frisst der Bär die Muskeln.

Sie sehen, wie ein Muskel nach dem anderen verschwindet.

Der Bär frisst nun Ihre Organe:

- die Lungen
- das Herz

- die Leber
- die Nieren
- die Bauchspeicheldrüse
- den Darm

Sie fühlen sich immer leichter.
Sie spüren Licht.
Der Bär ist so weit.
Von Ihrem physischen Körper ist nur das Skelet geblieben.
Die Knochen liegen unter der Eiche.
Der Bär geht.
Er hat Ihre Sorgen, Probleme und Schmerzen mitgenommen.
Bedanken Sie sich gedanklich bei ihm.
Stellen Sie sich nun vor, Ihre Organe bilden sich neu:

- die Lungen
- das Herz
- die Leber
- die Nieren
- die Bauchspeicheldrüse
- der Darm

Nun sehen Sie, dass auch die Muskeln neu wachsen und die Organe bedecken.
Sie sind frisch.
Nun bildet sich die neue Haut um die Muskeln.
Stück für Stück sehen Sie Ihren Körper als einen erneuerten Körper.
Er ist neu und gesund.
Nun sehen Sie den Bären.
Er kommt zu Ihnen, und Sie umarmen ihn.
Sie bedanken sich laut bei ihm für seine Arbeit und lassen ihn gehen.
Bleiben Sie eine Weile liegen.
Genießen Sie den Moment.

Sehen Sie in die Ferne.

Sie sehen einen Puma auf Sie zulaufen.

Er ist schnell und graziös.

Der Puma ist nun bei Ihnen.

Umarmen Sie ihn.

Er gibt Ihnen Kraft und Schnelligkeit im Denken.

Nun geht er.

Bedanken Sie sich bei ihm für seine Kräfte, die nun Ihnen gehören.

Nun sehen Sie eine Wolfsfamilie auf Sie zugehen.

Lassen Sie sie zu Ihnen kommen.

Umarmen Sie die Wölfe.

Sie geben Ihnen eine gute Intuition und bescheren Ihnen Familiensinn.

Die Wölfe gehen ihren Weg.

Sie sind voll Kraft und Zuversicht.

Sie fühlen die Veränderung.

Bleiben Sie liegen.

Sie sehen eine Eule auf der Eiche sitzen.

Bitten Sie sie zu sich.

Die Eule fliegt herunter und landet auf Ihrem Bauch.

Bitten Sie die Eule, Ihnen Weisheit zu geben.

Sie wird Sie bei Ihrer spirituellen Entwicklung unterstützen.

Genießen Sie den Moment, und lassen Sie die Eule wegfliegen.

Bedanken Sie sich bei ihr.

Stehen Sie nun gedanklich vom Boden auf und gehen ein paar Schritte nach vorne.

Sie sehen eine Schwanenfamilie in einem Teich.

Begrüßen Sie sie.

Bitten Sie die Schwäne, Ihnen Liebe zu spenden.

Sie geben Ihnen das Gefühl, geliebt zu werden.

Bedanken Sie sich bei der Schwanenfamilie für die erhaltene Charisma-Kraft.

Gehen Sie zurück zu der Eiche.

Legen Sie sich nun gedanklich wieder hin.
Atmen Sie tief ein und aus.
Bedanken Sie sich bei der Eiche und allen Krafttieren.
Kommen Sie in die Realität zurück.
Langsam.
Öffnen Sie sanft Ihre Augen und sehen sich um.
Spüren Sie Ihre neuen Kräfte.
Ihre Zellen haben eine enorme Kraft getankt.
Atmen Sie tief ein und aus.
Willkommen zurück.

Meditation Engelumarmungen

Diese Meditation dient der Reinigung der Seele, des Geistes und der karmischen Muster.

Herzlich willkommen bei dieser Meditation, die Sie von alten karmischen Mustern und Dogmen reinigen wird.

Legen Sie sich bequem hin.
Lassen Sie Ihre Sorgen los.
Atmen Sie sieben Mal tief ein und aus.
Fühlen Sie Ihren Körper.
Er liegt ganz bequem auf dem Boden und wird immer leichter.
Fühlen Sie Ihren Körper:

- Ihren Kopf
- das Rückgrat
- die Pobacken
- die Arme
- die Hände
- die Beine
- die Füße

Entspannen Sie sich.
Stellen Sie sich vor, Sie stehen auf einer Wiese.
Sie ist grün und voller Blumen.

Sie sind rein und gelassen.

Nichts stört Sie.

Nichts kann Ihnen passieren.

Sie sind geschützt.

Sehen Sie in die Ferne: Dort sehen Sie eine Lichtgestalt.

Gehen Sie auf das Licht zu.

Schritt für Schritt …

Sie erkennen einen Engel vor Ihnen.

Er breitet seine Arme aus und ist bereit, Sie zu empfangen.

Gehen Sie zu ihm.

Fallen Sie in seine Arme.

Lassen Sie sich vom Engel umarmen.

Genießen Sie den Moment.

Er nimmt Sie in Empfang und trägt Sie auf seinen Händen.

Sie fühlen die Geborgenheit.

Sie sehen, dass die Engelsenergie alle Farben der Welt in sich trägt.

Auch Farben, die Sie nie gesehen haben.

Die Farbe fließt in Ihre Aura hinein.

Engelsenergie vermischt sich mit Ihrer eigenen.

Nun sehen Sie, dass auch weitere Engel zu Ihnen kommen.

Es sind insgesamt zwölf.

Auch sie leuchten sehr hell und geben Ihnen ihre Energie.

Diese Energie löst alle alten Muster und Kummer in Ihnen auf.

Der Engel lässt Sie nun auf den Boden herabsinken.

Bedanken Sie sich bei den Lichtwesen.

Gehen Sie ein paar Schritte zurück, und steigen Sie auf eine weiche Wolke.

Sie trägt Sie zurück auf die Wiese.

Engel begleiten Sie zurück zur Wiese und Sie werden durch die Wolke getragen.

Genießen Sie diesen unbeschreiblichen Moment der Leichtigkeit.

Nun sehen Sie wieder ein Licht vor sich.

Das ist Ihre Seele.

Sie wartet auf Sie.

Bewegen Sie sich auf sie zu.

Steigen Sie nun von der Wolke, und gehen Sie zu Ihrer Seele.

Sie ist eine große leuchtende Kugel.

Wie ein Riesenschiff mit einer Tür.

Gehen Sie hinein.

Hören Sie hin.

Ihre Seele will Ihnen etwas mitteilen.

Sie sagt, Sie sind klug und schön.

Sie ist rein und hell.

Genießen Sie diesen Moment der Vereinigung mit Ihrer Seele.

Gehen Sie anschließend aus der Kugel.

Bedanken Sie sich bei Ihrer Seele für ihre Klarheit.

Steigen Sie auf die Wolke.

Lassen Sie Ihre Beine herunterhängen.

Nun bringt Sie die Wolke in die Realität.

Ihr Körper verschmilzt mit der Wolke.

Sie sind mit Ihr eins.

Die Wolke ist Ihr Geist.

Grenzenlos und weit.

Die Wolke bringt Sie wieder zum Boden.

Steigen Sie nicht ab, sondern gleiten Sie durch die Wolke.

Alles Negative bleibt damit auf der Wolke liegen.

Sie sind gereinigt.

Ihre Empfindungen sind hell und rein.

Wenn Ihnen etwas auf der Seele liegt, sagen Sie es laut.

Bedanken Sie sich bei allen Elementen.

Kommen Sie in die Realität zurück.

Öffnen Sie langsam Ihre Augen.

Atmen Sie tief ein und aus.

Willkommen zurück.

DIE SIEBEN JAHRESZYKLEN DER SEELE

Tabelle für Jahre mit 365 Tagen

Tag	Geburtstag	Ende Zyklus 1	Ende Zyklus 2	Ende Zyklus 3	Ende Zyklus 4	Ende Zyklus 5	Ende Zyklus 6	Ende Zyklus 7
1	1. Januar	22.2.	15.4.	6.6.	28.7.	18.9.	9.11.	1. Januar
2	2. Januar	23.2.	16.4.	7.6.	29.7.	19.9.	10.11.	2. Januar
3	3. Januar	24.2.	17.4.	8.6.	30.7.	20.9.	11.11.	3. Januar
4	4. Januar	25.2	18.4.	9.6.	31.7.	21.9.	12.11.	4. Januar
5	5. Januar	26.2.	19.4.	10.6.	1.8.	22.9.	13.11.	5. Januar
6	6. Januar	27.2.	20.4.	11.6.	2.8.	23.9.	14.11.	6. Januar
7	7. Januar	28.2.	21.4.	12.6.	3.8.	24.9.	15.11.	7. Januar
8	8. Januar	1.3.	22.4.	13.6.	4.8.	25.9.	16.11.	8. Januar
9	9. Januar	2.3.	23.4.	14.6.	5.8.	26.9.	17.11.	9. Januar
10	10. Januar	3.3.	24.4.	15.6.	6.8.	27.9.	18.11.	10. Januar
11	11. Januar	4.3.	25.4.	16.6.	7.8.	28.9.	19.11.	11. Januar
12	12. Januar	5.3.	26.4.	17.6.	8.8.	29.9.	20.11.	12. Januar
13	13. Januar	6.3.	27.4.	18.6.	9.8.	30.9.	21.11.	13. Januar
14	14. Januar	7.3.	28.4.	19.6.	10.8.	1.10.	22.11.	14. Januar
15	15. Januar	8.3.	29.4.	20.6.	11.8.	2.10.	23.11.	15. Januar
16	16. Januar	9.3.	30.4.	21.6.	12.8.	3.10.	24.11.	16. Januar
17	17. Januar	10.3.	1.5.	22.6.	13.8.	4.10.	25.11.	17. Januar
18	18. Januar	11.3.	2.5.	23.6.	14.8.	5.10.	26.11.	18. Januar
19	19. Januar	12.3.	3.5.	24.6.	15.8.	6.10.	27.11.	19. Januar
20	20. Januar	13.3.	4.5.	25.6.	16.8.	7.10.	28.11.	20. Januar
21	21. Januar	14.3.	5.5.	26.6.	17.8.	8.10.	29.11.	21. Januar
22	22. Januar	15.3.	6.5.	27.6.	18.8.	9.10.	30.11.	22. Januar
23	23. Januar	16.3.	7.5.	28.6.	19.8.	10.10.	1.12.	23. Januar
24	24. Januar	17.3.	8.5.	29.6.	20.8.	11.10.	2.12.	24. Januar
25	25. Januar	18.3.	9.5.	30.6.	21.8.	12.10.	3.12.	25. Januar
26	26. Januar	19.3.	10.5.	1.7.	22.8.	13.10.	4.12.	26. Januar
27	27. Januar	20.3.	11.5.	2.7.	23.8.	14.10.	5.12.	27. Januar
28	28. Januar	21.3.	12.5.	3.7.	24.8.	15.10.	6.12.	28. Januar

Tag	Geburtstag	Ende Zyklus 1	Ende Zyklus 2	Ende Zyklus 3	Ende Zyklus 4	Ende Zyklus 5	Ende Zyklus 6	Ende Zyklus 7
29	29. Januar	22.3.	13.5.	4.7.	25.8.	16.10.	7.12.	29. Januar
30	30. Januar	23.3.	14.5.	5.7.	26.8.	17.10.	8.12.	30. Januar
31	31. Januar	24.3.	15.5.	6.7.	27.8.	18.10.	9.12.	31. Januar
32	1. Februar	25.3.	16.5.	7.7.	28.8.	19.10.	10.12.	1. Februar
33	2. Februar	26.3.	17.5.	8.7.	29.8.	20.10.	11.12.	2. Februar
34	3. Februar	27.3.	18.5.	9.7.	30.8.	21.10.	12.12.	3. Februar
35	4. Februar	28.3.	19.5.	10.7.	31.8.	22.10.	13.12.	4. Februar
36	5. Februar	29.3.	20.5.	11.7.	1.9.	23.10.	14.12.	5. Februar
37	6. Februar	30.3.	21.5.	12.7.	2.9.	24.10.	15.12.	6. Februar
38	7. Februar	31.3.	22.5.	13.7.	3.9.	25.10.	16.12.	7. Februar
39	8. Februar	1.4.	23.5.	14.7.	4.9.	26.10.	17.12.	8. Februar
40	9. Februar	2.4.	24.5.	15.7.	5.9.	27.10.	18.12.	9. Februar
41	10. Februar	3.4.	25.5.	16.7.	6.9.	28.10.	19.12.	10. Februar
42	11. Februar	4.4.	26.5.	17.7.	7.9.	29.10.	20.12.	11. Februar
43	12. Februar	5.4.	27.5.	18.7.	8.9.	30.10.	21.12.	12. Februar
44	13. Februar	6.4.	28.5.	19.7.	9.9.	31.10.	22.12.	13. Februar
45	14. Februar	7.4.	29.5.	20.7.	10.9.	1.11.	23.12.	14. Februar
46	15. Februar	8.4.	30.5.	21.7.	11.9.	2.11.	24.12.	15. Februar
47	16. Februar	9.4.	31.5.	22.7.	12.9.	3.11.	25.12.	16. Februar
48	17. Februar	10.4.	1.6.	23.7.	13.9.	4.11.	26.12.	17. Februar
49	18. Februar	11.4.	2.6.	24.7.	14.9.	5.11.	27.12.	18. Februar
50	19. Februar	12.4.	3.6.	25.7.	15.9.	6.11.	28.12.	19. Februar
51	20. Februar	13.4.	4.6.	26.7.	16.9.	7.11.	29.12.	20. Februar
52	21. Februar	14.4.	5.6.	27.7.	17.9.	8.11.	30.12.	21. Februar
53	22. Februar	15.4.	6.6.	28.7.	18.9.	9.11.	31.12.	22. Februar
54	23. Februar	16.4.	7.6.	29.7.	19.9.	10.11.	1.1.	23. Februar
55	24. Februar	17.4.	8.6.	30.7.	20.9.	11.11.	2.1.	24. Februar
56	25. Februar	18.4.	9.6.	31.7.	21.9.	12.11.	3.1.	25. Februar
57	26. Februar	19.4.	10.6.	1.8.	22.9.	13.11.	4.1.	26. Februar
58	27. Februar	20.4.	11.6.	2.8.	23.9.	14.11.	5.1.	27. Februar
59	28. Februar	21.4.	12.6.	3.8.	24.9.	15.11.	6.1.	28. Februar
60	1. März	22.4.	13.6.	4.8.	25.9.	16.11.	7.1.	1. März
61	2. März	23.4.	14.6.	5.8.	26.9.	17.11.	8.1.	2. März
62	3. März	24.4.	15.6.	6.8.	27.9.	18.11.	9.1.	3. März

Tag	Geburtstag	Ende Zyklus 1	Ende Zyklus 2	Ende Zyklus 3	Ende Zyklus 4	Ende Zyklus 5	Ende Zyklus 6	Ende Zyklus 7
63	4. März	25.4.	16.6.	7.8.	28.9.	19.11.	10.1.	4. März
64	5. März	26.4.	17.6.	8.8.	29.9.	20.11.	11.1.	5. März
65	6. März	27.4.	18.6.	9.8.	30.9.	21.11.	12.1.	6. März
66	7. März	28.4.	19.6.	10.8.	1.10.	22.11.	13.1.	7. März
67	8. März	29.4.	20.6.	11.8.	2.10.	23.11.	14.1.	8. März
68	9. März	30.4.	21.6.	12.8.	3.10.	24.11.	15.1.	9. März
69	10. März	1.5.	22.6.	13.8.	4.10.	25.11.	16.1.	10. März
70	11. März	2.5.	23.6.	14.8.	5.10.	26.11.	17.1.	11. März
71	12. März	3.5.	24.6.	15.8.	6.10.	27.11.	18.1.	12. März
72	13. März	4.5.	25.6.	16.8.	7.10.	28.11.	19.1.	13. März
73	14. März	5.5.	26.6.	17.8.	8.10.	29.11.	20.1.	14. März
74	15. März	6.5.	27.6.	18.8.	9.10.	30.11.	21.1.	15. März
75	16. März	7.5.	28.6.	19.8.	10.10.	1.12.	22.1.	16. März
76	17. März	8.5.	29.6.	20.8.	11.10.	2.12.	23.1.	17. März
77	18. März	9.5.	30.6.	21.8.	12.10.	3.12.	24.1.	18. März
78	19. März	10.5.	1.7.	22.8.	13.10.	4.12.	25.1.	19. März
79	20. März	11.5.	2.7.	23.8.	14.10.	5.12.	26.1.	20. März
80	21. März	12.5.	3.7.	24.8.	15.10.	6.12.	27.1.	21. März
81	22. März	13.5.	4.7.	25.8.	16.10.	7.12.	28.1.	22. März
82	23. März	14.5.	5.7.	26.8.	17.10.	8.12.	29.1.	23. März
83	24. März	15.5.	6.7.	27.8.	18.10.	9.12.	30.1.	24. März
84	25. März	16.5.	7.7.	28.8.	19.10.	10.12.	31.1.	25. März
85	26. März	17.5.	8.7.	29.8.	20.10.	11.12.	1.2.	26. März
86	27. März	18.5.	9.7.	30.8.	21.10.	12.12.	2.2.	27. März
87	28. März	19.5.	10.7.	31.8.	22.10.	13.12.	3.2.	28. März
88	29. März	20.5.	11.7.	1.9.	23.10.	14.12.	4.2.	29. März
89	30. März	21.5.	12.7.	2.9.	24.10.	15.12.	5.2.	30. März
90	31. März	22.5.	13.7.	3.9.	25.10.	16.12.	6.2.	31. März
91	1. April	23.5.	14.7.	4.9.	26.10.	17.12.	7.2.	1. April
92	2. April	24.5.	15.7.	5.9.	27.10.	18.12.	8.2	2. April
93	3. April	25.5.	16.7.	6.9.	28.10.	19.12.	9.2.	3. April
94	4. April	26.5.	17.7.	7.9.	29.10.	20.12.	10.2.	4. April
95	5. April	27.5.	18.7.	8.9.	30.10.	21.12.	11.2.	5. April
96	6. April	28.5.	19.7.	9.9.	31.10.	22.12.	12.2.	6. April

Tag	Geburtstag	Ende Zyklus 1	Ende Zyklus 2	Ende Zyklus 3	Ende Zyklus 4	Ende Zyklus 5	Ende Zyklus 6	Ende Zyklus 7
97	7. April	29.5.	20.7.	10.9.	1.11.	23.12.	13.2.	7. April
98	8. April	30.5.	21.7.	11.9.	2.11.	24.12.	14.2.	8. April
99	9. April	31.5.	22.7.	12.9.	3.11.	25.12.	15.2.	9. April
100	10. April	1.6.	23.7.	13.9.	4.11.	26.12.	16.2.	10. April
101	11. April	2.6.	24.7.	14.9.	5.11.	27.12.	17.2.	11. April
102	12. April	3.6.	25.7.	15.9.	6.11.	28.12.	18.2.	12. April
103	13. April	4.6.	26.7.	16.9.	7.11.	29.12.	19.2.	13. April
104	14. April	5.6.	27.7.	17.9.	8.11.	30.12.	20.2.	14. April
105	15. April	6.6.	28.7.	18.9.	9.11.	31.12.	21.2.	15. April
106	16. April	7.6.	29.7.	19.9.	10.11.	1.1.	22.2.	16. April
107	17. April	8.6.	30.7.	20.9.	11.11.	2.1.	23.2.	17. April
108	18. April	9.6.	31.7.	21.9.	12.11.	3.1.	24.2.	18. April
109	19. April	10.6.	1.8.	22.9	13.11.	4.1.	25.2.	19. April
110	20. April	11.6.	2.8.	23.9.	14.11.	5.1.	26.2.	20. April
111	21. April	12.6.	3.8.	24.9.	15.11.	6.1.	27.2.	21. April
112	22. April	13.6.	4.8.	25.9.	16.11.	7.1.	28.2.	22. April
113	23. April	14.6.	5.8.	26.9.	17.11.	8.1.	1.3	23. April
114	24. April	15.6.	6.8.	27.9.	18.11.	9.1.	2.3.	24. April
115	25. April	16.6.	7.8.	28.9.	19.11.	10.1.	3.3.	25. April
116	26. April	17.6.	8.8.	29.9.	20.11.	11.1.	4.3.	26. April
117	27. April	18.6.	9.8.	30.9.	21.11.	12.1.	5.3.	27. April
118	28. April	19.6.	10.8.	1.10.	22.11.	13.1.	6.3.	28. April
119	29. April	20.6.	11.8.	2.10.	23.11.	14.1.	7.3.	29. April
120	30. April	21.6.	12.8.	3.10.	24.11.	15.1.	8.3.	30. April
121	1. Mai	22.6.	13.8.	4.10.	25.11.	16.1.	9.3.	1. Mai
122	2. Mai	23.6.	14.8.	5.10.	26.11.	17.1.	10.3.	2. Mai
123	3. Mai	24.6.	15.8.	6.10.	27.11.	18.1.	11.3.	3. Mai
124	4. Mai	25.6.	16.8.	7.10.	28.11.	19.1.	12.3.	4. Mai
125	5. Mai	26.6.	17.8.	8.10.	29.11.	20.1.	13.3.	5. Mai
126	6. Mai	27.6.	18.8.	9.10.	30.11.	21.1.	14.3.	6. Mai
127	7. Mai	28.6.	19.8.	10.10.	1.12.	22.1.	15.3.	7. Mai
128	8. Mai	29.6.	20.8.	11.10.	2.12.	23.1.	16.3.	8. Mai
129	9. Mai	30.6.	21.8.	12.10.	3.12.	24.1.	17.3.	9. Mai
130	10. Mai	1.7.	22.8.	13.10.	4.12.	25.1.	18.3.	10. Mai

Tag	Geburtstag	Ende Zyklus 1	Ende Zyklus 2	Ende Zyklus 3	Ende Zyklus 4	Ende Zyklus 5	Ende Zyklus 6	Ende Zyklus 7
131	11. Mai	2.7.	23.8.	14.10.	5.12.	26.1.	19.3.	11. Mai
132	12. Mai	3.7.	24.8.	15.10.	6.12.	27.1.	20.3.	12. Mai
133	13. Mai	4.7.	25.8.	16.10.	7.12.	28.1.	21.3.	13. Mai
134	14. Mai	5.7.	26.8.	17.10.	8.12.	29.1.	22.3.	14. Mai
135	15. Mai	6.7.	27.8.	18.10.	9.12.	30.1.	23.3.	15. Mai
136	16. Mai	7.7.	28.8.	19.10.	10.12.	31.1.	24.3.	16. Mai
137	17. Mai	8.7.	29.8.	20.10.	11.12.	1.2.	25.3.	17. Mai
138	18. Mai	9.7.	30.8.	21.10.	12.12.	2.2.	26.3.	18. Mai
139	19. Mai	10.7.	31.8.	22.10.	13.12.	3.2.	27.3.	19. Mai
140	20. Mai	11.7.	1.9.	23.10.	14.12.	4.2.	28.3.	20. Mai
141	21. Mai	12.7.	2.9.	24.10.	15.12.	5.2.	29.3.	21. Mai
142	22. Mai	13.7	3.9.	25.10.	16.12.	6.2.	30.3.	22. Mai
143	23. Mai	14.7.	4.9.	26.10.	17.12.	7.2.	31.3.	23. Mai
144	24. Mai	15.7.	5.9.	27.10.	18.12.	8.2.	1.4.	24. Mai
145	25. Mai	16.7.	6.9.	28.10.	19.12.	9.2.	2.4.	25. Mai
146	26. Mai	17.7.	7.9.	29.10.	20.12.	10.2.	3.4.	26. Mai
147	27. Mai	18.7.	8.9.	30.10.	21.12.	11.2.	4.4.	27. Mai
148	28. Mai	19.7.	9.9.	31.10.	22.12.	12.2.	5.4.	28. Mai
149	29. Mai	20.7.	10.9.	1.11.	23.12.	13.2.	6.4.	29. Mai
150	30. Mai	21.7.	11.9.	2.11.	24.12.	14.2.	7.4.	30. Mai
151	31. Mai	22.7.	12.9.	3.11.	25.12.	15.2.	8.4.	31. Mai
152	1. Juni	23.7.	13.9.	4.11.	26.12.	16.2.	9.4.	1. Juni
153	2. Juni	24.7.	14.9.	5.11.	27.12.	17.2.	10.4.	2. Juni
154	3. Juni	25.7.	15.9.	6.11.	28.12.	18.2.	11.4.	3. Juni
155	4. Juni	26.7.	16.9.	7.11.	29.12.	19.2.	12.4.	4. Juni
156	5. Juni	27.7.	17.9.	8.11.	30.12.	20.2.	13.4.	5. Juni
157	6. Juni	28.7.	18.9.	9.11.	31.12.	21.2.	14.4.	6. Juni
158	7. Juni	29.7.	19.9.	10.11.	1.1.	22.2.	15.4.	7. Juni
159	8. Juni	30.7.	20.9.	11.11.	2.1.	23.2.	16.4.	8. Juni
160	9. Juni	31.7.	21.9.	12.11.	3.1.	24.2.	17.4.	9. Juni
161	10. Juni	1.8.	22.9.	13.11.	4.1.	25.2.	18.4.	10. Juni
162	11. Juni	2.8.	23.9.	14.11.	5.1.	26.2.	19.4.	11. Juni
163	12. Juni	3.8.	24.9.	15.11.	6.1.	27.2.	20.4.	12. Juni
164	13. Juni	4.8.	25.9.	16.11.	7.1.	28.2.	21.4.	13. Juni

Tag	Geburtstag	Ende Zyklus 1	Ende Zyklus 2	Ende Zyklus 3	Ende Zyklus 4	Ende Zyklus 5	Ende Zyklus 6	Ende Zyklus 7
165	14. Juni	5.8.	26.9.	17.11.	8.1.	1.3.	22.4.	14. Juni
166	15. Juni	6.8.	27.9.	18.11.	9.1.	2.3.	23.4.	15. Juni
167	16. Juni	7.8.	28.9.	19.11.	10.1.	3.3.	24.4.	16. Juni
168	17. Juni	8.8.	29.9.	20.11.	11.1.	4.3.	25.4.	17. Juni
169	18. Juni	9.8.	30.9.	21.11.	12.1.	5.3.	26.4.	18. Juni
170	19. Juni	10.8.	1.10.	22.11.	13.1.	6.3.	27.4.	19. Juni
171	20. Juni	11.8.	2.10.	23.11.	14.1.	7.3.	28.4.	20. Juni
172	21. Juni	12.8.	3.10.	24.11.	15.1.	8.3.	29.4.	21. Juni
173	22. Juni	13.8.	4.10.	25.11.	16.1.	9.3.	30.4.	22. Juni
174	23. Juni	14.8.	5.10.	26.11.	17.1.	10.3.	1.5.	23. Juni
175	24. Juni	15.8.	6.10.	27.11.	18.1.	11.3.	2.5.	24. Juni
176	25. Juni	16.8.	7.10.	28.11.	19.1.	12.3.	3.5.	25. Juni
177	26. Juni	17.8.	8.10.	29.11.	20.1.	13.3.	4.5.	26. Juni
178	27. Juni	18.8.	9.10.	30.11.	21.1.	14.3.	5.5.	27. Juni
179	28. Juni	19.8.	10.10.	1.12.	22.1.	15.3.	6.5.	28. Juni
180	29. Juni	20.8.	11.10.	2.12.	23.1.	16.3.	7.5.	29. Juni
181	30. Juni	21.8.	12.10.	3.12.	24.1.	17.3.	8.5.	30. Juni
182	1. Juli	22.8.	13.10.	4.12.	25.1.	18.3.	9.5	1. Juli
183	2. Juli	23.8.	14.10.	5.12.	26.1.	19.3.	10.5.	2. Juli
184	3. Juli	24.8.	15.10.	6.12.	27.1.	20.3.	11.5.	3. Juli
185	4. Juli	25.8.	16.10.	7.12.	28.1.	21.3.	12.5.	4. Juli
186	5. Juli	26.8.	17.10.	8.12.	29.1.	22.3.	13.5.	5. Juli
187	6. Juli	27.8.	18.10.	9.12.	30.1.	23.3.	14.5.	6. Juli
188	7. Juli	28.8.	19.10.	10.12.	31.1.	24.3.	15.5.	7. Juli
189	8. Juli	29.8.	20.10.	11.12.	1.2.	25.3.	16.5.	8. Juli
190	9. Juli	30.8.	21.10.	12.12.	2.2.	26.3.	17.5.	9. Juli
191	10. Juli	31.8.	22.10.	13.12.	3.2.	27.3.	18.5.	10. Juli
192	11. Juli	1.9.	23.10.	14.12.	4.2.	28.3.	19.5.	11. Juli
193	12. Juli	2.9.	24.10.	15.12.	5.2.	29.3.	20.5.	12. Juli
194	13. Juli	3.9.	25.10.	16.12.	6.2.	30.3.	21.5.	13. Juli
195	14. Juli	4.9.	26.10.	17.12.	7.2.	31.3.	22.5.	14. Juli
196	15. Juli	5.9.	27.10.	18.12.	8.2.	1.4.	23.5.	15. Juli
197	16. Juli	6.9.	28.10.	19.12.	9.2.	2.4.	24.5.	16. Juli
198	17. Juli	7.9.	29.10.	20.12.	10.2.	3.4.	25.5.	17. Juli

Tag	Geburtstag	Ende Zyklus 1	Ende Zyklus 2	Ende Zyklus 3	Ende Zyklus 4	Ende Zyklus 5	Ende Zyklus 6	Ende Zyklus 7
199	18. Juli	8.9.	30.10.	21.12.	11.2.	4.4.	26.5.	18. Juli
200	19. Juli	9.9.	31.10.	22.12.	12.2.	5.4.	27.5.	19. Juli
201	20. Juli	10.9.	1.11.	23.12.	13.2.	6.4.	28.5.	20. Juli
202	21. Juli	11.9.	2.11.	24.12.	14.2.	7.4.	29.5.	21. Juli
203	22. Juli	12.9.	3.11.	25.12.	15.2.	8.4.	30.5.	22. Juli
204	23. Juli	13.9.	4.11.	26.12.	16.2.	9.4.	31.5.	23. Juli
205	24. Juli	14.9.	5.11.	27.12.	17.2.	10.4.	1.6.	24. Juli
206	25. Juli	15.9.	6.11.	28.12.	18.2.	11.4.	2.6.	25. Juli
207	26. Juli	16.9.	7.11.	29.12.	19.2.	12.4.	3.6.	26. Juli
208	27. Juli	17.9.	8.11.	30.12.	20.2.	13.4.	4.6.	27. Juli
209	28. Juli	18.9.	9.11.	31.12.	21.2.	14.4.	5.6.	28. Juli
210	29. Juli	19.9.	10.11.	1.1.	22.2.	15.4.	6.6.	29. Juli
211	30. Juli	20.9.	11.11.	2.1.	23.2.	16.4.	7.6.	30. Juli
212	31. Juli	21.9.	12.11.	3.1.	24.2.	17.4.	8.6.	31. Juli
213	1. August	22.9.	13.11.	4.1.	25.2.	18.4.	9.6.	1. August
214	2. August	23.9.	14.11.	5.1.	26.2.	19.4.	10.6.	2. August
215	3. August	24.9.	15.11.	6.1.	27.2.	20.4.	11.6.	3. August
216	4. August	25.9.	16.11.	7.1.	28.2.	21.4.	12.6.	4. August
217	5. August	26.9.	17.11.	8.1.	1.3.	22.4.	13.6.	5. August
218	6. August	27.9.	18.11.	9.1.	2.3.	23.4.	14.6.	6. August
219	7. August	28.9.	19.11.	10.1.	3.3.	24.4.	15.6.	7. August
220	8. August	29.9.	20.11.	11.1.	4.3.	25.4.	16.6.	8. August
221	9. August	30.9.	21.11.	12.1.	5.3.	26.4.	17.6.	9. August
222	10. August	1.10.	22.11.	13.1.	6.3.	27.4.	18.6.	10. August
223	11. August	2.10.	23.11.	14.1.	7.3.	28.4.	19.6.	11. August
224	12. August	3.10.	24.11.	15.1.	8.3.	29.4.	20.6.	12. August
225	13. August	4.10.	25.11.	16.1.	9.3.	30.4.	21.6.	13. August
226	14. August	5.10.	26.11.	17.1.	10.3.	1.5.	22.6.	14. August
227	15. August	6.10.	27.11.	18.1.	11.3.	2.5.	23.6.	15. August
228	16. August	7.10.	28.11.	19.1.	12.3.	3.5.	24.6.	16. August
229	17. August	8.10.	29.11.	20.1.	13.3.	4.5.	25.6.	17. August
230	18. August	9.10.	30.11.	21.1.	14.3.	5.5.	26.6.	18. August
231	19. August	10.10.	1.12	22.1.	15.3.	6.5.	27.6.	19. August
232	20. August	11.10.	2.12.	23.1.	16.3.	7.5.	28.6.	20. August

Tag	Geburtstag	Ende Zyklus 1	Ende Zyklus 2	Ende Zyklus 3	Ende Zyklus 4	Ende Zyklus 5	Ende Zyklus 6	Ende Zyklus 7
233	21. August	12.10.	3.12.	24.1.	17.3.	8.5.	29.6.	21. August
234	22. August	13.10.	4.12.	25.1.	18.3.	9.5.	30.6.	22. August
235	23. August	14.10.	5.12.	26.1.	19.3.	10.5.	1.7.	23. August
236	24. August	15.10.	6.12.	27.1.	20.3.	11.5.	2.7.	24. August
237	25. August	16.10.	7.12.	28.1.	21.3.	12.5.	3.7.	25. August
238	26. August	17.10.	8.12.	29.1.	22.3.	13.5.	4.7.	26. August
239	27. August	18.10.	9.12.	30.1.	23.3.	14.5.	5.7.	27. August
240	28. August	19.10.	10.12.	31.1.	24.3.	15.5.	6.7.	28. August
241	29. August	20.10.	11.12.	1.2.	25.3.	16.5.	7.7.	29. August
242	30. August	21.10.	12.12.	2.2.	26.3.	17.5.	8.7.	30. August
243	31. August	22.10.	13.12.	3.2.	27.3.	18.5.	9.7.	31. August
244	1. September	23.10.	14.12.	4.2.	28.3.	19.5.	10.7.	1. September
245	2. September	24.10.	15.12.	5.2.	29.3.	20.5.	11.7.	2. September
246	3. September	25.10.	16.12.	6.2.	30.3.	21.5.	12.7.	3. September
247	4. September	26.10.	17.12.	7.2.	31.3.	22.5.	13.7.	4. September
248	5. September	27.10.	18.12.	8.2.	1.4.	23.5.	14.7.	5. September
249	6. September	28.10.	19.12.	9.2.	2.4.	24.5.	15.7.	6. September
250	7. September	29.10.	20.12.	10.2.	3.4.	25.5.	16.7.	7. September
251	8. September	30.10.	21.12.	11.2.	4.4.	26.5.	17.7.	8. September
252	9. September	31.10.	22.12.	12.2.	5.4.	27.5.	18.7.	9. September
253	10. September	1.11.	23.12.	13.2.	6.4.	28.5.	19.7.	10. September
254	11. September	2.11.	24.12.	14.2.	7.4.	29.5.	20.7.	11. September
255	12. September	3.11.	25.12.	15.2.	8.4.	30.5.	21.7.	12. September
256	13. September	4.11.	26.12.	16.2.	9.4.	31.5.	22.7.	13. September
257	14. September	5.11.	27.12.	17.2.	10.4.	1.6.	23.7.	14. September
258	15. September	6.11.	28.12.	18.2.	11.4.	2.6.	24.7.	15. September
259	16. September	7.11.	29.12.	19.2.	12.4.	3.6.	25.7.	16. September
260	17. September	8.11.	30.12.	20.2.	13.4.	4.6.	26.7.	17. September
261	18. September	9.11.	31.12.	21.2.	14.4.	5.6.	27.7.	18. September
262	19. September	10.11.	1.1.	22.2.	15.4.	6.6.	28.7.	19. September
263	20. September	11.11.	2.1.	23.2.	16.4.	7.6.	29.7	20. September
264	21. September	12.11.	3.1.	24.2.	17.4.	8.6.	30.7.	21. September
265	22. September	13.11.	4.1.	25.2.	18.4.	9.6.	31.7.	22. September
266	23. September	14.11.	5.1.	26.2.	19.4.	10.6.	1.8.	23. September

Tag	Geburtstag	Ende Zyklus 1	Ende Zyklus 2	Ende Zyklus 3	Ende Zyklus 4	Ende Zyklus 5	Ende Zyklus 6	Ende Zyklus 7
267	24. September	15.11.	6.1.	27.2.	20.4.	11.6.	2.8.	24. September
268	25. September	16.11.	7.1.	28.2.	21.4.	12.6.	3.8.	25. September
269	26. September	17.11.	8.1.	1.3.	22.4.	13.6.	4.8.	26. September
270	27. September	18.11.	9.1.	2.3.	23.4.	14.6.	5.8.	27. September
271	28. September	19.11.	10.1.	3.3.	24.4.	15.6.	6.8.	28. September
272	29. September	20.11.	11.1.	4.3.	25.4.	16.6.	7.8.	29. September
273	30. September	21.11.	12.1.	5.3.	26.4.	17.6.	8.8.	30. September
274	1. Oktober	22.11.	13.1.	6.3.	27.4.	18.6.	9.8.	1. Oktober
275	2. Oktober	23.11.	14.1.	7.3.	28.4.	19.6.	10.8.	2. Oktober
276	3. Oktober	24.11.	15.1.	8.3.	29.4.	20.6.	11.8.	3. Oktober
277	4. Oktober	25.11.	16.1.	9.3.	30.4.	21.6.	12.8.	4. Oktober
278	5. Oktober	26.11.	17.1.	10.3.	1.5.	22.6.	13.8.	5. Oktober
279	6. Oktober	27.11.	18.1.	11.3.	2.5.	23.6.	14.8.	6. Oktober
280	7. Oktober	28.11.	19.1.	12.3.	3.5.	24.6.	15.8.	7. Oktober
281	8. Oktober	29.11.	20.1.	13.3.	4.5.	25.6.	16.8.	8. Oktober
282	9. Oktober	30.11.	21.1.	14.3.	5.5.	26.6.	17.8.	9. Oktober
283	10. Oktober	1.12.	22.1.	15.3.	6.5.	27.6.	18.8.	10. Oktober
284	11. Oktober	2.12.	23.1.	16.3.	7.5.	28.6.	19.8.	11. Oktober
285	12. Oktober	3.12.	24.1.	17.3.	8.5.	29.6.	20.8.	12. Oktober
286	13. Oktober	4.12.	25.1.	18.3.	9.5.	30.6.	21.8.	13. Oktober
287	14. Oktober	5.12.	26.1.	19.3.	10.5.	1.7	22.8.	14. Oktober
288	15. Oktober	6.12.	27.1.	20.3.	11.5.	2.7.	23.8.	15. Oktober
289	16. Oktober	7.12.	28.1.	21.3.	12.5.	3.7.	24.8.	16. Oktober
290	17. Oktober	8.12.	29.1.	22.3.	13.5.	4.7.	25.8.	17. Oktober
291	18. Oktober	9.12.	30.1.	23.3.	14.5.	5.7.	26.8.	18. Oktober
292	19. Oktober	10.12.	31.1.	24.3.	15.5.	6.7.	27.8.	19. Oktober
293	20. Oktober	11.12.	1.2.	25.3.	16.5.	7.7.	28.8.	20. Oktober
294	21. Oktober	12.12.	2.2.	26.3.	17.5.	8.7.	29.8.	21. Oktober
295	22. Oktober	13.12.	3.2.	27.3.	18.5.	9.7.	30.8.	22. Oktober
296	23. Oktober	14.12.	4.2.	28.3.	19.5.	10.7.	31.8.	23. Oktober
297	24. Oktober	15.12.	5.2.	29.3.	20.5.	11.7.	1.9.	24. Oktober
298	25. Oktober	16.12.	6.2.	30.3.	21.5.	12.7.	2.9.	25. Oktober
299	26. Oktober	17.12.	7.2.	31.3.	22.5.	13.7.	3.9.	26. Oktober
300	27. Oktober	18.12.	8.2.	1.4.	23.5.	14.7.	4.9.	27. Oktober

Tag	Geburtstag	Ende Zyklus 1	Ende Zyklus 2	Ende Zyklus 3	Ende Zyklus 4	Ende Zyklus 5	Ende Zyklus 6	Ende Zyklus 7
301	28. Oktober	19.12.	9.2.	2.4.	24.5.	15.7.	5.9.	28. Oktober
302	29. Oktober	20.12.	10.2.	3.4.	25.5.	16.7.	6.9.	29. Oktober
303	30. Oktober	21.12.	11.2.	4.4.	26.5.	17.7.	7.9.	30. Oktober
304	31. Oktober	22.12.	12.2.	5.4.	27.5.	18.7.	8.9.	31. Oktober
305	1. November	23.12.	13.2.	6.4.	28.5.	19.7.	9.9.	1. November
306	2. November	24.12.	14.2.	7.4.	29.5.	20.7.	10.9.	2. November
307	3. November	25.12.	15.2.	8.4.	30.5.	21.7.	11.9.	3. November
308	4. November	26.12.	16.2.	9.4.	31.5.	22.7.	12.9.	4. November
309	5. November	27.12.	17.2.	10.4.	1.6.	23.7.	13.9.	5. November
310	6. November	28.12.	18.2.	11.4.	2.6.	24.7.	14.9.	6. November
311	7. November	29.12.	19.2.	12.4.	3.6.	25.7.	15.9.	7. November
312	8. November	30.12.	20.2.	13.4.	4.6.	26.7.	16.9.	8. November
313	9. November	31.12.	21.2.	14.4.	5.6.	27.7.	17.9.	9. November
314	10. November	1.1.	22.2.	15.4.	6.6.	28.7.	18.9.	10. November
315	11. November	2.1.	23.2.	16.4.	7.6.	29.7.	19.9.	11. November
316	12. November	3.1.	24.2.	17.4.	8.6.	30.7.	20.9.	12. November
317	13. November	4.1.	25.2.	18.4.	9.6.	31.7.	21.9.	13. November
318	14. November	5.1.	26.2.	19.4.	10.6.	1.8.	22.9.	14. November
319	15. November	6.1.	27.2.	20.4.	11.6.	2.8.	23.9.	15. November
320	16. November	7.1.	28.2.	21.4.	12.6.	3.8.	24.9.	16. November
321	17. November	8.1.	1.3.	22.4.	13.6.	4.8.	25.9.	17. November
322	18. November	9.1.	2.3.	23.4.	14.6.	5.8.	26.9.	18. November
323	19. November	10.1.	3.3.	24.4.	15.6.	6.8.	27.9.	19. November
324	20. November	11.1.	4.3.	25.4.	16.6.	7.8.	28.9.	20. November
325	21. November	12.1.	5.3.	26.4.	17.6.	8.8.	29.9.	21. November
326	22. November	13.1.	6.3.	27.4.	18.6.	9.8.	30.9.	22. November
327	23. November	14.1.	7.3.	28.4.	19.6.	10.8.	1.10.	23. November
328	24. November	15.1.	8.3.	29.4.	20.6.	11.8.	2.10.	24. November
329	25. November	16.1.	9.3.	30.4.	21.6.	12.8.	3.10.	25. November
330	26. November	17.1.	10.3.	1.5.	22.6.	13.8.	4.10.	26. November
331	27. November	18.1.	11.3.	2.5.	23.6.	14.8.	5.10.	27. November
332	28. November	19.1.	12.3.	3.5.	24.6.	15.8.	6.10.	28. November
333	29. November	20.1.	13.3.	4.5.	25.6.	16.8.	7.10.	29. November
334	30. November	21.1.	14.3.	5.5.	26.6.	17.8.	8.10.	30. November

Tag	Geburtstag	Ende Zyklus 1	Ende Zyklus 2	Ende Zyklus 3	Ende Zyklus 4	Ende Zyklus 5	Ende Zyklus 6	Ende Zyklus 7
335	1. Dezember	22.1.	15.3.	6.5.	27.6.	18.8.	9.10.	1. Dezember
336	2. Dezember	23.1.	16.3.	7.5.	28.6.	19.8.	10.10.	2. Dezember
337	3. Dezember	24.1.	17.3.	8.5.	29.6.	20.8.	11.10.	3. Dezember
338	4. Dezember	25.1.	18.3.	9.5.	30.6.	21.8.	12.10.	4. Dezember
339	5. Dezember	26.1.	19.3.	10.5.	1.7.	22.8.	13.10.	5. Dezember
340	6. Dezember	27.1.	20.3.	11.5.	2.7.	23.8.	14.10.	6. Dezember
341	7. Dezember	28.1.	21.3.	12.5.	3.7.	24.8.	15.10.	7. Dezember
342	8. Dezember	29.1.	22.3.	13.5.	4.7.	25.8.	16.10.	8. Dezember
343	9. Dezember	30.1.	23.3.	14.5.	5.7.	26.8.	17.10.	9. Dezember
344	10. Dezember	31.1.	24.3.	15.5.	6.7.	27.8.	18.10.	10. Dezember
345	11. Dezember	1.2.	25.3.	16.5.	7.7.	28.8.	19.10.	11. Dezember
346	12. Dezember	2.2.	26.3.	17.5.	8.7.	29.8.	20.10.	12. Dezember
347	13. Dezember	3.2.	27.3.	18.5.	9.7.	30.8.	21.10.	13. Dezember
348	14. Dezember	4.2.	28.3.	19.5.	10.7.	31.8.	22.10.	14. Dezember
349	15. Dezember	5.2.	29.3.	20.5.	11.7.	1.9.	23.10.	15. Dezember
350	16. Dezember	6.2.	30.3.	21.5.	12.7.	2.9.	24.10.	16. Dezember
351	17. Dezember	7.2.	31.3.	22.5.	13.7.	3.9.	25.10.	17. Dezember
352	18. Dezember	8.2.	1.4.	23.5.	14.7.	4.9.	26.10.	18. Dezember
353	19. Dezember	9.2.	2.4.	24.5.	15.7.	5.9.	27.10.	19. Dezember
354	20. Dezember	10.2.	3.4.	25.5.	16.7.	6.9.	28.10.	20. Dezember
355	21. Dezember	11.2.	4.4.	26.5.	17.7.	7.9.	29.10.	21. Dezember
356	22. Dezember	12.2.	5.4.	27.5.	18.7.	8.9.	30.10.	22. Dezember
357	23. Dezember	13.2.	6.4.	28.5.	19.7.	9.9.	31.10.	23. Dezember
358	24. Dezember	14.2.	7.4.	29.5.	20.7.	10.9.	1.11.	24. Dezember
359	25. Dezember	15.2.	8.4.	30.5.	21.7.	11.9.	2.11.	25. Dezember
360	26. Dezember	16.2.	9.4.	31.5.	22.7.	12.9.	3.11.	26. Dezember
361	27. Dezember	17.2.	10.4.	1.6.	23.7.	13.9.	4.11.	27. Dezember
362	28. Dezember	18.2.	11.4.	2.6.	24.7.	14.9.	5.11.	28. Dezember
363	29. Dezember	19.2.	12.4.	3.6.	25.7.	15.9.	6.11.	29. Dezember
364	30. Dezember	20.2.	13.4.	4.6.	26.7.	16.9.	7.11.	30. Dezember
365	31. Dezember	21.2.	14.4.	5.6.	27.7.	17.9.	8.11.	31. Dezember

Tabelle für Schaltjahre mit 366 Tagen

Tag	Geburtstag	Ende Zyklus 1	Ende Zyklus 2	Ende Zyklus 3	Ende Zyklus 4	Ende Zyklus 5	Ende Zyklus 6	Ende Zyklus 7
1	1. Januar	22.2.	14.4.	5.6.	27.7.	17.9.	8.11.	1. Januar
2	2. Januar	23.2.	15.4.	6.6.	28.7.	18.9.	9.11.	2. Januar
3	3. Januar	24.2.	16.4.	7.6.	29.7.	19.9.	10.11.	3. Januar
4	4. Januar	25.2.	17.4.	8.6.	30.7.	20.9.	11.11.	4. Januar
5	5. Januar	26.2.	18.4.	9.6.	31.7.	21.9.	12.11.	5. Januar
6	6. Januar	27.2.	19.4.	10.6.	1.8.	22.9.	13.11.	6. Januar
7	7. Januar	28.2.	20.4.	11.6.	2.8.	23.9.	14.11.	7. Januar
8	8. Januar	29.2.	21.4.	12.6.	3.8.	24.9.	15.11.	8. Januar
9	9. Januar	1.3.	22.4.	13.6.	4.8.	25.9.	16.11.	9. Januar
10	10. Januar	2.3.	23.4.	14.6.	5.8.	26.9.	17.11.	10. Januar
11	11. Januar	3.3.	24.4.	15.6.	6.8.	27.9.	18.11.	11. Januar
12	12. Januar	4.3.	25.4.	16.6.	7.8.	28.9.	19.11.	12. Januar
13	13. Januar	5.3.	26.4.	17.6.	8.8.	29.9.	20.11.	13. Januar
14	14. Januar	6.3.	27.4.	18.6.	9.8.	30.9.	21.11.	14. Januar
15	15. Januar	7.3.	28.4.	19.6.	10.8.	1.10.	22.11.	15. Januar
16	16. Januar	8.3.	29.4.	20.6.	11.8.	2.10.	23.11.	16. Januar
17	17. Januar	9.3.	30.4.	21.6.	12.8.	3.10.	24.11.	17. Januar
18	18. Januar	10.3.	1.5.	22.6.	13.8.	4.10.	25.11.	18. Januar
19	19. Januar	11.3.	2.5.	23.6.	14.8.	5.10.	26.11.	19. Januar
20	20. Januar	12.3.	3.5.	24.6.	15.8.	6.10.	27.11.	20. Januar
21	21. Januar	13.3.	4.5.	25.6.	16.8.	7.10.	28.11.	21. Januar
22	22. Januar	14.3.	5.5.	26.6.	17.8.	8.10.	29.11.	22. Januar
23	23. Januar	15.3.	6.5.	27.6.	18.8.	9.10.	30.11.	23. Januar
24	24. Januar	16.3.	7.5.	28.6.	19.8.	10.10.	1.12.	24. Januar
25	25. Januar	17.3.	8.5.	29.6.	20.8.	11.10.	2.12	25. Januar
26	26. Januar	18.3.	9.5.	30.6.	21.8.	12.10.	3.12.	26. Januar
27	27. Januar	19.3.	10.5.	1.7.	22.8.	13.10.	4.12.	27. Januar
28	28. Januar	20.3.	11.5.	2.7.	23.8.	14.10.	5.12.	28. Januar
29	29. Januar	21.3.	12.5.	3.7.	24.8.	15.10.	6.12.	29. Januar
30	30. Januar	22.3.	13.5.	4.7.	25.8.	16.10.	7.12.	30. Januar
31	31. Januar	23.3.	14.5.	5.7.	26.8.	17.10.	8.12.	31. Januar
32	1. Februar	24.3.	15.5.	6.7.	27.8.	18.10.	9.12.	1. Februar

Tag	Geburtstag	Ende Zyklus 1	Ende Zyklus 2	Ende Zyklus 3	Ende Zyklus 4	Ende Zyklus 5	Ende Zyklus 6	Ende Zyklus 7
33	2. Februar	25.3.	16.5.	7.7.	28.8.	19.10.	10.12.	2. Februar
34	3. Februar	26.3.	17.5.	8.7.	29.8.	20.10.	11.12.	3. Februar
35	4. Februar	27.3.	18.5.	9.7.	30.8.	21.10.	12.12.	4. Februar
36	5. Februar	28.3.	19.5.	10.7.	31.8.	22.10.	13.12.	5. Februar
37	6. Februar	29.3.	20.5.	11.7.	1.9.	23.10.	14.12.	6. Februar
38	7. Februar	30.3.	21.5.	12.7.	2.9.	24.10.	15.12.	7. Februar
39	8. Februar	31.3.	22.5.	13.7.	3.9.	25.10.	16.12.	8. Februar
40	9. Februar	1.4.	23.5.	14.7.	4.9.	26.10.	17.12.	9. Februar
41	10. Februar	2.4.	24.5.	15.7.	5.9.	27.10.	18.12.	10. Februar
42	11. Februar	3.4.	25.5.	16.7.	6.9.	28.10.	19.12.	11. Februar
43	12. Februar	4.4.	26.5.	17.7.	7.9.	29.10.	20.12.	12. Februar
44	13. Februar	5.4.	27.5.	18.7.	8.9.	30.10.	21.12.	13. Februar
45	14. Februar	6.4.	28.5.	19.7.	9.9.	31.10.	22.12.	14. Februar
46	15. Februar	7.4.	29.5.	20.7.	10.9.	1.11.	23.12.	15. Februar
47	16. Februar	8.4.	30.5.	21.7.	11.9.	2.11.	24.12.	16. Februar
48	17. Februar	9.4.	31.5.	22.7.	12.9.	3.11.	25.12.	17. Februar
49	18. Februar	10.4.	1.6.	23.7.	13.9.	4.11.	26.12.	18. Februar
50	19. Februar	11.4.	2.6.	24.7.	14.9.	5.11.	27.12.	19. Februar
51	20. Februar	12.4.	3.6.	25.7.	15.9.	6.11.	28.12.	20. Februar
52	21. Februar	13.4.	4.6.	26.7.	16.9.	7.11.	29.12.	21. Februar
53	22. Februar	14.4.	5.6.	27.7.	17.9.	8.11.	30.12.	22. Februar
54	23. Februar	15.4.	6.6.	28.7.	18.9.	9.11.	31.12.	23. Februar
55	24. Februar	16.4.	7.6.	29.7.	19.9.	10.11.	1.1.	24. Februar
56	25. Februar	17.4.	8.6.	30.7.	20.9.	11.11.	2.1.	25. Februar
57	26. Februar	18.4.	9.6.	31.7.	21.9.	12.11.	3.1.	26. Februar
58	27. Februar	19.4.	10.6.	1.8.	22.9.	13.11.	4.1.	27. Februar
59	28. Februar	20.4.	11.6.	2.8.	23.9.	14.11.	5.1.	28. Februar
60	29. Februar	21.4.	12.6.	3.8.	24.9.	15.11.	6.1.	29. Februar
61	1. März	22.4.	13.6.	4.8.	25.9.	16.11.	7.1.	1. März
62	2. März	23.4.	14.6.	5.8.	26.9.	17.11.	8.1.	2. März
63	3. März	24.4.	15.6.	6.8.	27.9.	18.11.	9.1.	3. März
64	4. März	25.4.	16.6.	7.8.	28.9.	19.11.	10.1.	4. März
65	5. März	26.4.	17.6.	8.8.	29.9.	20.11.	11.1	5. März
66	6. März	27.4.	18.6.	9.8.	30.9.	21.11.	12.1.	6. März

Tag	Geburtstag	Ende Zyklus 1	Ende Zyklus 2	Ende Zyklus 3	Ende Zyklus 4	Ende Zyklus 5	Ende Zyklus 6	Ende Zyklus 7
67	7. März	28.4.	19.6.	10.8.	1.10.	22.11.	13.1.	7. März
68	8. März	29.4.	20.6.	11.8.	2.10.	23.11.	14.1.	8. März
69	9. März	30.4.	21.6.	12.8.	3.10.	24.11.	15.1.	9. März
70	10. März	1.5.	22.6.	13.8.	4.10.	25.11.	16.1.	10. März
71	11. März	2.5.	23.6.	14.8.	5.10.	26.11.	17.1.	11. März
72	12. März	3.5.	24.6.	15.8.	6.10.	27.11.	18.1.	12. März
73	13. März	4.5.	25.6.	16.8.	7.10.	28.11.	19.1.	13. März
74	14. März	5.5.	26.6.	17.8.	8.10.	29.11.	20.1.	14. März
75	15. März	6.5.	27.6.	18.8.	9.10.	30.11.	21.1.	15. März
76	16. März	7.5.	28.6.	19.8.	10.10.	1.12.	22.1.	16. März
77	17. März	8.5.	29.6.	20.8.	11.10.	2.12.	23.1.	17. März
78	18. März	9.5.	30.6.	21.8.	12.10.	3.12.	24.1.	18. März
79	19. März	10.5.	1.7.	22.8.	13.10.	4.12.	25.1.	19. März
80	20. März	11.5.	2.7.	23.8.	14.10.	5.12.	26.1.	20. März
81	21. März	12.5.	3.7.	24.8.	15.10.	6.12.	27.1.	21. März
82	22. März	13.5.	4.7.	25.8.	16.10.	7.12.	28.1.	22. März
83	23. März	14.5.	5.7.	26.8.	17.10.	8.12.	29.1.	23. März
84	24. März	15.5.	6.7.	27.8.	18.10.	9.12.	30.1.	24. März
85	25. März	16.5.	7.7.	28.8.	19.10.	10.12.	31.1.	25. März
86	26. März	17.5.	8.7.	29.8.	20.10.	11.12.	1.2.	26. März
87	27. März	18.5.	9.7.	30.8.	21.10.	12.12.	2.2.	27. März
88	28. März	19.5.	10.7.	31.8.	22.10.	13.12.	3.2.	28. März
89	29. März	20.5.	11.7.	1.9.	23.10.	14.12.	4.2.	29. März
90	30. März	21.5.	12.7.	2.9.	24.10.	15.12.	5.2.	30. März
91	31. März	22.5.	13.7.	3.9.	25.10.	16.12.	6.2.	31. März
92	1. April	23.5.	14.7.	4.9.	26.10.	17.12.	7.2.	1. April
93	2. April	24.5.	15.7.	5.9.	27.10.	18.12.	8.2.	2. April
94	3. April	25.5.	16.7.	6.9.	28.10.	19.12.	9.2.	3. April
95	4. April	26.5.	17.7.	7.9.	29.10.	20.12.	10.2.	4. April
96	5. April	27.5.	18.7.	8.9.	30.10.	21.12.	11.2.	5. April
97	6. April	28.5.	19.7.	9.9.	31.10.	22.12.	12.2.	6. April
98	7. April	29.5.	20.7.	10.9.	1.11.	23.12.	13.2.	7. April
99	8. April	30.5.	21.7.	11.9.	2.11.	24.12.	14.2.	8. April
100	9. April	31.5.	22.7.	12.9.	3.11.	25.12.	15.2.	9. April

Tag	Geburtstag	Ende Zyklus 1	Ende Zyklus 2	Ende Zyklus 3	Ende Zyklus 4	Ende Zyklus 5	Ende Zyklus 6	Ende Zyklus 7
101	10. April	1.6.	23.7.	13.9.	4.11.	26.12.	16.2.	10. April
102	11. April	2.6.	24.7.	14.9.	5.11.	27.12.	17.2.	11. April
103	12. April	3.6.	25.7.	15.9.	6.11.	28.12.	18.2.	12. April
104	13. April	4.6.	26.7.	16.9.	7.11.	29.12.	19.2.	13. April
105	14. April	5.6.	27.7.	17.9.	8.11.	30.12.	20.2.	14. April
106	15. April	6.6.	28.7.	18.9.	9.11.	31.12.	21.2.	15. April
107	16. April	7.6.	29.7.	19.9.	10.11.	1.1.	22.2.	16. April
108	17. April	8.6.	30.7.	20.9.	11.11.	2.1.	23.2.	17. April
109	18. April	9.6.	31.7.	21.9.	12.11.	3.1.	24.2.	18. April
110	19. April	10.6.	1.8.	22.9.	13.11.	4.1.	25.2.	19. April
111	20. April	11.6.	2.8.	23.9.	14.11.	5.1.	26.2.	20. April
112	21. April	12.6.	3.8.	24.9.	15.11.	6.1.	27.2.	21. April
113	22. April	13.6.	4.8.	25.9.	16.11.	7.1.	28.2.	22. April
114	23. April	14.6.	5.8.	26.9.	17.11.	8.1.	29.2.	23. April
115	24. April	15.6.	6.8.	27.9.	18.11.	9.1.	1.3.	24. April
116	25. April	16.6.	7.8.	28.9.	19.11.	10.1.	2.3.	25. April
117	26. April	17.6.	8.8.	29.9.	20.11.	11.1.	3.3.	26. April
118	27. April	18.6.	9.8.	30.9.	21.11.	12.1.	4.3.	27. April
119	28. April	19.6.	10.8.	1.10.	22.11.	13.1.	5.3.	28. April
120	29. April	20.6.	11.8.	2.10.	23.11.	14.1.	6.3.	29. April
121	30. April	21.6.	12.8.	3.10.	24.11.	15.1.	7.3.	30. April
122	1. Mai	22.6.	13.8.	4.10.	25.11.	16.1.	8.3.	1. Mai
123	2. Mai	23.6.	14.8.	5.10.	26.11.	17.1.	9.3.	2. Mai
124	3. Mai	24.6.	15.8.	6.10.	27.11.	18.1.	10.3.	3. Mai
125	4. Mai	25.6.	16.8.	7.10.	28.11.	19.1.	11.3.	4. Mai
126	5. Mai	26.6.	17.8.	8.10.	29.11.	20.1.	12.3.	5. Mai
127	6. Mai	27.6.	18.8.	9.10.	30.11.	21.1.	13.3.	6. Mai
128	7. Mai	28.6.	19.8.	10.10.	1.12.	22.1.	14.3.	7. Mai
129	8. Mai	29.6.	20.8.	11.10.	2.12.	23.1.	15.3.	8. Mai
130	9. Mai	30.6.	21.8.	12.10.	3.12.	24.1.	16.3.	9. Mai
131	10. Mai	1.7.	22.8.	13.10.	4.12.	25.1.	17.3.	10. Mai
132	11. Mai	2.7.	23.8.	14.10.	5.12.	26.1.	18.3.	11. Mai
133	12. Mai	3.7.	24.8.	15.10.	6.12.	27.1.	19.3.	12. Mai
134	13. Mai	4.7.	25.8.	16.10.	7.12.	28.1.	20.3.	13. Mai

Tag	Geburtstag	Ende Zyklus 1	Ende Zyklus 2	Ende Zyklus 3	Ende Zyklus 4	Ende Zyklus 5	Ende Zyklus 6	Ende Zyklus 7
135	14. Mai	5.7.	26.8.	17.10.	8.12.	29.1.	21.3.	14. Mai
136	15. Mai	6.7.	27.8.	18.10.	9.12.	30.1.	22.3.	15. Mai
137	16. Mai	7.7.	28.8.	19.10.	10.12.	31.1.	23.3.	16. Mai
138	17. Mai	8.7.	29.8.	20.10.	11.12.	1.2.	24.3.	17. Mai
139	18. Mai	9.7.	30.8.	21.10.	12.12.	2.2.	25.3.	18. Mai
140	19. Mai	10.7.	31.8.	22.10.	13.12.	3.2.	26.3.	19. Mai
141	20. Mai	11.7.	1.9.	23.10.	14.12.	4.2.	27.3.	20. Mai
142	21. Mai	12.7.	2.9.	24.10.	15.12.	5.2.	28.3.	21. Mai
143	22. Mai	13.7.	3.9.	25.10.	16.12.	6.2.	29.3.	22. Mai
144	23. Mai	14.7.	4.9.	26.10.	17.12.	7.2.	30.3.	23. Mai
145	24. Mai	15.7.	5.9.	27.10.	18.12.	8.2.	31.3.	24. Mai
146	25. Mai	16.7.	6.9.	28.10.	19.12.	9.2.	1.4.	25. Mai
147	26. Mai	17.7.	7.9.	29.10.	20.12.	10.2.	2.4.	26. Mai
148	27. Mai	18.7.	8.9.	30.10.	21.12.	11.2.	3.4.	27. Mai
149	28. Mai	19.7.	9.9.	31.10.	22.12.	12.2.	4.4.	28. Mai
150	29. Mai	20.7.	10.9.	1.11.	23.12.	13.2.	5.4.	29. Mai
151	30. Mai	21.7.	11.9.	2.11.	24.12.	14.2.	6.4.	30. Mai
152	31. Mai	22.7.	12.9.	3.11.	25.12.	15.2.	7.4.	31. Mai
153	1. Juni	23.7.	13.9.	4.11.	26.12.	16.2.	8.4.	1. Juni
154	2. Juni	24.7.	14.9.	5.11.	27.12.	17.2.	9.4.	2. Juni
155	3. Juni	25.7.	15.9.	6.11.	28.12.	18.2.	10.4.	3. Juni
156	4. Juni	26.7.	16.9.	7.11.	29.12.	19.2.	11.4.	4. Juni
157	5. Juni	27.7.	17.9.	8.11.	30.12.	20.2.	12.4.	5. Juni
158	6. Juni	28.7.	18.9.	9.11.	31.12.	21.2.	13.4.	6. Juni
159	7. Juni	29.7.	19.9.	10.11.	1.1.	22.2.	14.4.	7. Juni
160	8. Juni	30.7.	20.9.	11.11.	2.1.	23.2.	15.4.	8. Juni
161	9. Juni	31.7.	21.9.	12.11.	3.1.	24.2.	16.4.	9. Juni
162	10. Juni	1.8.	22.9.	13.11.	4.1.	25.2.	17.4.	10. Juni
163	11. Juni	2.8.	23.9.	14.11.	5.1.	26.2.	18.4.	11. Juni
164	12. Juni	3.8.	24.9.	15.11.	6.1.	27.2.	19.4.	12. Juni
165	13. Juni	4.8.	25.9.	16.11.	7.1.	28.2.	20.4.	13. Juni
166	14. Juni	5.8.	26.9.	17.11.	8.1.	29.2.	21.4.	14. Juni
167	15. Juni	6.8.	27.9.	18.11.	9.1.	1.3.	22.4.	15. Juni
168	16. Juni	7.8.	28.9.	19.11.	10.1.	2.3.	23.4.	16. Juni

Tag	Geburtstag	Ende Zyklus 1	Ende Zyklus 2	Ende Zyklus 3	Ende Zyklus 4	Ende Zyklus 5	Ende Zyklus 6	Ende Zyklus 7
169	17. Juni	8.8.	29.9.	20.11.	11.1.	3.3.	24.4.	17. Juni
170	18. Juni	9.8.	30.9.	21.11.	12.1.	4.3.	25.4.	18. Juni
171	19. Juni	10.8	1.10.	22.11.	13.1.	5.3.	26.4.	19. Juni
172	20. Juni	11.8.	2.10.	23.11.	14.1.	6.3.	27.4.	20. Juni
173	21. Juni	12.8.	3.10.	24.11.	15.1.	7.3.	28.4.	21. Juni
174	22. Juni	13.8.	4.10.	25.11.	16.1.	8.3.	29.4.	22. Juni
175	23. Juni	14.8.	5.10.	26.11.	17.1.	9.3.	30.4.	23. Juni
176	24. Juni	15.8.	6.10.	27.11.	18.1.	10.3.	1.5.	24. Juni
177	25. Juni	16.8.	7.10.	28.11.	19.1.	11.3.	2.5.	25. Juni
178	26. Juni	17.8.	8.10.	29.11.	20.1.	12.3.	3.5.	26. Juni
179	27. Juni	18.8.	9.10.	30.11.	21.1.	13.3.	4.5.	27. Juni
180	28. Juni	19.8.	10.10.	1.12.	22.1.	14.3.	5.5.	28. Juni
181	29. Juni	20.8.	11.10.	2.12.	23.1.	15.3.	6.5.	29. Juni
182	30. Juni	21.8.	12.10.	3.12.	24.1.	16.3.	7.5.	30. Juni
183	1. Juli	22.8.	13.10.	4.12.	25.1.	17.3.	8.5.	1. Juli
184	2. Juli	23.8.	14.10.	5.12.	26.1.	18.3.	9.5.	2. Juli
185	3. Juli	24.8.	15.10.	6.12.	27.1.	19.3.	10.5.	3. Juli
186	4. Juli	25.8.	16.10.	7.12.	28.1.	20.3.	11.5.	4. Juli
187	5. Juli	26.8.	17.10.	8.12.	29.1.	21.3.	12.5.	5. Juli
188	6. Juli	27.8.	18.10.	9.12.	30.1.	22.3.	13.5.	6. Juli
189	7. Juli	28.8.	19.10.	10.12.	31.1.	23.3.	14.5.	7. Juli
190	8. Juli	29.8.	20.10.	11.12.	1.2.	24.3.	15.5.	8. Juli
191	9. Juli	30.8.	21.10.	12.12.	2.2.	25.3.	16.5.	9. Juli
192	10. Juli	31.8.	22.10.	13.12.	3.2.	26.3.	17.5.	10. Juli
193	11. Juli	1.9.	23.10.	14.12.	4.2.	27.3.	18.5.	11. Juli
194	12. Juli	2.9.	24.10.	15.12.	5.2.	28.3.	19.5.	12. Juli
195	13. Juli	3.9.	25.10.	16.12.	6.2.	29.3.	20.5.	13. Juli
196	14. Juli	4.9.	26.10.	17.12.	7.2.	30.3.	21.5.	14. Juli
197	15. Juli	5.9.	27.10.	18.12.	8.2.	31.3.	22.5.	15. Juli
198	16. Juli	6.9.	28.10.	19.12.	9.2.	1.4.	23.5.	16. Juli
199	17. Juli	7.9.	29.10.	20.12.	10.2.	2.4.	24.5.	17. Juli
200	18. Juli	8.9.	30.10.	21.12.	11.2.	3.4.	25.5.	18. Juli
201	19. Juli	9.9.	31.10.	22.12.	12.2.	4.4.	26.5.	19. Juli
202	20. Juli	10.9.	1.11.	23.12.	13.2.	5.4.	27.5.	20. Juli

Tag	Geburtstag	Ende Zyklus 1	Ende Zyklus 2	Ende Zyklus 3	Ende Zyklus 4	Ende Zyklus 5	Ende Zyklus 6	Ende Zyklus 7
203	21. Juli	11.9.	2.11.	24.12.	14.2.	6.4.	28.5.	21. Juli
204	22. Juli	12.9.	3.11.	25.12.	15.2.	7.4.	29.5.	22. Juli
205	23. Juli	13.9.	4.11.	26.12.	16.2.	8.4.	30.5.	23. Juli
206	24. Juli	14.9.	5.11.	27.12.	17.2.	9.4.	31.5.	24. Juli
207	25. Juli	15.9.	6.11.	28.12.	18.2.	10.4.	1.6.	25. Juli
208	26. Juli	16.9.	7.11.	29.12.	19.2.	11.4.	2.6.	26. Juli
209	27. Juli	17.9.	8.11.	30.12.	20.2.	12.4.	3.6.	27. Juli
210	28. Juli	18.9.	9.11.	31.12.	21.2.	13.4.	4.6.	28. Juli
211	29. Juli	19.9.	10.11.	1.1.	22.2.	14.4.	5.6.	29. Juli
212	30. Juli	20.9.	11.11.	2.1.	23.2.	15.4.	6.6.	30. Juli
213	31. Juli	21.9.	12.11.	3.1.	24.2.	16.4.	7.6.	31. Juli
214	1. August	22.9.	13.11.	4.1.	25.2.	17.4.	8.6.	1. August
215	2. August	23.9.	14.11.	5.1.	26.2.	18.4.	9.6.	2. August
216	3. August	24.9.	15.11.	6.1.	27.2.	19.4.	10.6.	3. August
217	4. August	25.9.	16.11.	7.1.	28.2.	20.4.	11.6.	4. August
218	5. August	26.9.	17.11.	8.1.	29.2.	21.4.	12.6.	5. August
219	6. August	27.9.	18.11.	9.1.	1.3.	22.4.	13.6.	6. August
220	7. August	28.9.	19.11.	10.1.	2.3.	23.4.	14.6.	7. August
221	8. August	29.9.	20.11.	11.1.	3.3.	24.4.	15.6.	8. August
222	9. August	30.9.	21.11.	12.1.	4.3.	25.4.	16.6.	9. August
223	10. August	1.10.	22.11.	13.1.	5.3.	26.4.	17.6.	10. August
224	11. August	2.10.	23.11.	14.1.	6.3.	27.4.	18.6.	11. August
225	12. August	3.10.	24.11.	15.1.	7.3.	28.4.	19.6.	12. August
226	13. August	4.10.	25.11.	16.1.	8.3.	29.4.	20.6.	13. August
227	14. August	5.10.	26.11.	17.1.	9.3.	30.4.	21.6.	14. August
228	15. August	6.10.	27.11.	18.1.	10.3.	1.5.	22.6.	15. August
229	16. August	7.10.	28.11.	19.1.	11.3.	2.5.	23.6.	16. August
230	17. August	8.10.	28.11.	20.1.	12.3.	3.5.	24.6.	17. August
231	18. August	9.10.	30.11.	21.1.	13.3.	4.5.	25.6.	18. August
232	19. August	10.10.	1.12.	22.1.	14.3.	5.5.	26.6.	19. August
233	20. August	11.10.	2.12.	23.1.	15.3.	6.5.	27.6.	20. August
234	21. August	12.10.	3.12.	24.1.	16.3.	7.5.	28.6.	21. August
235	22. August	13.10.	4.12.	25.1.	17.3.	8.5.	29.6.	22. August
236	23. August	14.10.	5.12.	26.1.	18.3.	9.5.	30.6.	23. August

Tag	Geburtstag	Ende Zyklus 1	Ende Zyklus 2	Ende Zyklus 3	Ende Zyklus 4	Ende Zyklus 5	Ende Zyklus 6	Ende Zyklus 7
237	24. August	15.10.	6.12.	27.1.	19.3.	10.5.	1.7.	24. August
238	25. August	16.10.	7.12.	28.1.	20.3.	11.5.	2.7.	25. August
239	26. August	17.10.	8.12.	29.1.	21.3.	12.5.	3.7.	26. August
240	27. August	18.10.	9.12.	30.1.	22.3.	13.5.	4.7.	27. August
241	28. August	19.10.	10.12.	31.1.	23.3.	14.5.	5.7.	28. August
242	29. August	20.10.	11.12.	1.2.	24.3.	15.5.	6.7.	29. August
243	30. August	21.10.	12.12.	2.2.	25.3.	16.5.	7.7.	30. August
244	31. August	22.10.	13.12.	3.2.	26.3.	17.5.	8.7.	31. August
245	1. September	23.10.	14.12.	4.2.	27.3.	18.5.	9.7.	1. September
246	2. September	24.10.	15.12.	5.2.	28.3.	19.5.	10.7.	2. September
247	3. September	25.10.	16.12.	6.2.	29.3.	20.5.	11.7.	3. September
248	4. September	26.10.	17.12.	7.2.	30.3.	21.5.	12.7.	4. September
249	5. September	27.10.	18.12.	8.2.	31.3.	22.5.	13.7.	5. September
250	6. September	28.10.	19.12.	9.2.	1.4.	23.5.	14.7.	6. September
251	7. September	29.10.	20.12.	10.2.	2.4.	24.5.	15.7.	7. September
252	8. September	30.10.	21.12.	11.2.	3.4.	25.5.	16.7.	8. September
253	9. September	31.10.	22.12.	12.2.	4.4.	26.5.	17.7.	9. September
254	10.September	1.11.	23.12.	13.2.	5.4.	27.5.	18.7.	10.September
255	11.September	2.11.	24.12.	14.2.	6.4.	28.5.	19.7.	11.September
256	12.September	3.11.	25.12.	15.2.	7.4.	29.5.	20.7.	12.September
257	13.September	4.11.	26.12.	16.2.	8.4.	30.5.	21.7.	13.September
258	14.September	5.11.	27.12.	17.2.	9.4.	31.5.	22.7.	14.September
259	15.September	6.11.	28.12.	18.2.	10.4.	1.6.	23.7.	15.September
260	16.September	7.11.	29.12.	19.2.	11.4.	2.6.	24.7.	16.September
261	17.September	8.11.	30.12.	20.2.	12.4.	3.6.	25.7.	17.September
262	18.September	9.11.	31.12.	21.2.	13.4.	4.6.	26.7.	18.September
263	19.September	10.11.	1.1.	22.2.	14.4.	5.6.	27.7.	19.September
264	20.September	11.11.	2.1.	23.2.	15.4.	6.6.	28.7.	20.September
265	21.September	12.11.	3.1.	24.2.	16.4.	7.6.	29.7.	21.September
266	22.September	13.11.	4.1.	25.2.	17.4.	8.6.	30.7.	22.September
267	23.September	14.11.	5.1.	26.2.	18.4.	9.6.	31.7.	23.September
268	24.September	15.11.	6.1.	27.2.	19.4.	10.6.	1.8.	24.September
269	25.September	16.11.	7.1.	28.2.	20.4.	11.6.	2.8.	25.September
270	26.September	17.11.	8.1.	29.2.	21.4.	12.6.	3.8.	26.September

Tag	Geburtstag	Ende Zyklus 1	Ende Zyklus 2	Ende Zyklus 3	Ende Zyklus 4	Ende Zyklus 5	Ende Zyklus 6	Ende Zyklus 7
271	27.September	18.11.	9.1.	1.3.	22.4.	13.6.	4.8.	27.September
272	28.September	19.11.	10.1.	2.3.	23.4.	14.6.	5.8.	28.September
273	29.September	20.11.	11.1.	3.3.	24.4.	15.6.	6.8.	29.September
274	30.September	21.11.	12.1.	4.3.	25.4.	16.6.	7.8.	30.September
275	1.Oktober	22.11.	13.1.	5.3.	26.4.	17.6.	8.8.	1.Oktober
276	2.Oktober	23.11.	14.1.	6.3.	27.4.	18.6.	9.8.	2.Oktober
277	3.Oktober	24.11.	15.1.	7.3.	28.4.	19.6.	10.8.	3.Oktober
278	4.Oktober	25.11.	16.1.	8.3.	29.4.	20.6.	11.8.	4.Oktober
279	5.Oktober	26.11.	17.1.	9.3.	30.4.	21.6.	12.8.	5.Oktober
280	6.Oktober	27.11.	18.1.	10.3.	1.5.	22.6.	13.8.	6.Oktober
281	7.Oktober	28.11.	19.1.	11.3.	2.5.	23.6.	14.8.	7.Oktober
282	8.Oktober	29.11.	20.1.	12.3.	3.5.	24.6.	15.8.	8.Oktober
283	9.Oktober	30.11.	21.1.	13.3.	4.5.	25.6.	16.8.	9.Oktober
284	10.Oktober	1.12.	22.1.	14.3.	5.5.	26.6.	17.8.	10.Oktober
285	11.Oktober	2.12.	23.1.	15.3.	6.5.	27.6.	18.8.	11.Oktober
286	12.Oktober	3.12.	24.1.	16.3.	7.5.	28.6.	19.8.	12.Oktober
287	13.Oktober	4.12.	25.1.	17.3.	8.5.	29.6.	20.8.	13.Oktober
288	14.Oktober	5.12.	26.1.	18.3.	9.5.	30.6.	21.8.	14.Oktober
289	15.Oktober	6.12.	27.1.	19.3.	10.5.	1.7.	22.8.	15.Oktober
290	16.Oktober	7.12.	28.1.	20.3.	11.5.	2.7.	23.8.	16.Oktober
291	17.Oktober	8.12.	29.1.	21.3.	12.5.	3.7.	24.8.	17.Oktober
292	18.Oktober	9.12.	30.1.	22.3.	13.5.	4.7.	25.8.	18.Oktober
293	19.Oktober	10.12.	31.1.	23.3.	14.5.	5.7.	26.8.	19.Oktober
294	20.Oktober	11.12.	1.2.	24.3.	15.5.	6.7.	27.8.	20.Oktober
295	21.Oktober	12.12.	2.2.	25.3.	16.5.	7.7.	28.8.	21.Oktober
296	22.Oktober	13.12.	3.2.	26.3.	17.5.	8.7.	29.8.	22.Oktober
297	23.Oktober	14.12.	4.2.	27.3.	18.5.	9.7.	30.8.	23.Oktober
298	24.Oktober	15.12.	5.2.	28.3.	19.5.	10.7.	31.8.	24.Oktober
299	25.Oktober	16.12.	6.2.	29.3.	20.5.	11.7.	1.9.	25.Oktober
300	26.Oktober	17.12.	7.2.	30.3.	21.5.	12.7.	2.9.	26.Oktober
301	27.Oktober	18.12.	8.2.	31.3.	22.5.	13.7.	3.9.	27.Oktober
302	28.Oktober	19.12.	9.2.	1.4.	23.5.	14.7.	4.9.	28.Oktober
303	29.Oktober	20.12.	10.2.	2.4.	24.5.	15.7.	5.9.	29.Oktober
304	30.Oktober	21.12.	11.2.	3.4.	25.5.	16.7.	6.9.	30.Oktober

Tag	Geburtstag	Ende Zyklus 1	Ende Zyklus 2	Ende Zyklus 3	Ende Zyklus 4	Ende Zyklus 5	Ende Zyklus 6	Ende Zyklus 7
305	31. Oktober	22.12.	12.2.	4.4.	26.5.	17.7.	7.9.	31. Oktober
306	1. November	23.12.	13.2.	5.4.	27.5.	18.7.	8.9.	1. November
307	2. November	24.12.	14.2.	6.4.	28.5.	19.7.	9.9.	2. November
308	3. November	25.12.	15.2.	7.4.	29.5.	20.7.	10.9.	3. November
309	4. November	26.12.	16.2.	8.4.	30.5.	21.7.	11.9.	4. November
310	5. November	27.12.	17.2.	9.4.	31.5.	22.7.	12.9.	5. November
311	6. November	28.12.	18.2.	10.4.	1.6.	23.7.	13.9.	6. November
312	7. November	29.12.	19.2.	11.4.	2.6.	24.7.	14.9.	7. November
313	8. November	30.12.	20.2.	12.4.	3.6.	25.7.	15.9.	8. November
314	9. November	31.12.	21.2.	13.4.	4.6.	26.7.	16.9.	9. November
315	10. November	1.1.	22.2.	14.4.	5.6	27.7.	17.9.	10. November
316	11. November	2.1.	23.2.	15.4.	6.6.	28.7.	18.9.	11. November
317	12. November	3.1.	24.2.	16.4.	7.6.	29.7.	19.9.	12. November
318	13. November	4.1.	25.2.	17.4.	8.6.	30.7.	20.9.	13. November
319	14. November	5.1.	26.2.	18.4.	9.6.	31.7.	21.9.	14. November
320	15. November	6.1.	27.2.	19.4.	10.6.	1.8.	22.9.	15. November
321	16. November	7.1.	28.2.	20.4.	11.6.	2.8.	23.9.	16. November
322	17. November	8.1.	29.2.	21.4.	12.6.	3.8.	24.9.	17. November
323	18. November	9.1.	1.3.	22.4.	13.6.	4.8.	25.9.	18. November
324	19. November	10.1.	2.3.	23.4.	14.6.	5.8.	26.9.	19. November
325	20. November	11.1.	3.3.	24.4.	15.6.	6.8.	27.9.	20. November
326	21. November	12.1.	4.3.	25.4.	16.6.	7.8.	28.9.	21. November
327	22. November	13.1.	5.3.	26.4.	17.6.	8.8.	29.9.	22. November
328	23. November	14.1.	6.3.	27.4.	18.6.	9.8.	30.9.	23. November
329	24. November	15.1.	7.3.	28.4.	19.6.	10.8.	1.10.	24. November
330	25. November	16.1.	8.3.	29.4.	20.6.	11.8.	2.10.	25. November
331	26. November	17.1.	9.3.	30.4.	21.6.	12.8.	3.10.	26. November
332	27. November	18.1.	10.3.	1.5.	22.6.	13.8.	4.10.	27. November
333	28. November	19.1.	11.3.	2.5.	23.6.	14.8.	5.10.	28. November
334	29. November	20.1.	12.3.	3.5.	24.6.	15.8.	6.10.	29. November
335	30. November	21.1.	13.3.	4.5.	25.6.	16.8.	7.10.	30. November
336	1. Dezember	22.1.	14.3.	5.5.	26.6.	17.8.	8.10.	1. Dezember
337	2. Dezember	23.1.	15.3.	6.5.	27.6.	18.8.	9.10.	2. Dezember
338	3. Dezember	24.1.	16.3.	7.5.	28.6.	19.8.	10.10.	3. Dezember

Tag	Geburtstag	Ende Zyklus 1	Ende Zyklus 2	Ende Zyklus 3	Ende Zyklus 4	Ende Zyklus 5	Ende Zyklus 6	Ende Zyklus 7
339	4. Dezember	25.1.	17.3.	8.5.	29.6.	20.8.	11.10.	4. Dezember
340	5. Dezember	26.1.	18.3.	9.5.	30.6.	21.8.	12.10.	5. Dezember
341	6. Dezember	27.1.	19.3.	10.5.	1.7.	22.8.	13.10.	6. Dezember
342	7. Dezember	28.1.	20.3.	11.5.	2.7.	23.8.	14.10.	7. Dezember
343	8. Dezember	29.1.	21.3.	12.5.	3.7.	24.8.	15.10.	8. Dezember
344	9. Dezember	30.1.	22.3.	13.5.	4.7.	25.8.	16.10.	9. Dezember
345	10. Dezember	31.1.	23.3.	14.5.	5.7.	26.8.	17.10.	10. Dezember
346	11. Dezember	1.2.	24.3.	15.5.	6.7.	27.8.	18.10.	11. Dezember
347	12. Dezember	2.2.	25.3.	16.5.	7.7.	28.8.	19.10.	12. Dezember
348	13. Dezember	3.2.	26.3.	17.5.	8.7.	29.8.	20.10.	13. Dezember
349	14. Dezember	4.2.	27.3.	18.5.	9.7.	30.8.	21.10.	14. Dezember
350	15. Dezember	5.2.	28.3.	19.5.	10.7.	31.8.	22.10.	15. Dezember
351	16. Dezember	6.2.	29.3.	20.5.	11.7.	1.9.	23.10.	16. Dezember
352	17. Dezember	7.2.	30.3.	21.5.	12.7.	2.9.	24.10.	17. Dezember
353	18. Dezember	8.2.	31.3.	22.5.	13.7.	3.9.	25.10.	18. Dezember
354	19. Dezember	9.2.	1.4.	23.5.	14.7.	4.9.	26.10.	19. Dezember
355	20. Dezember	10.2.	2.4.	24.5.	15.7.	5.9.	27.10.	20. Dezember
356	21. Dezember	11.2.	3.4.	25.5.	16.7.	6.9.	28.10.	21. Dezember
357	22. Dezember	12.2.	4.4.	26.5.	17.7.	7.9.	29.10.	22. Dezember
358	23. Dezember	13.2.	5.4.	27.5.	18.7.	8.9.	30.10.	23. Dezember
359	24. Dezember	14.2.	6.4.	28.5.	19.7.	9.9.	31.10.	24. Dezember
360	25. Dezember	15.2.	7.4.	29.5.	20.7.	10.9.	1.11.	25. Dezember
361	26. Dezember	16.2.	8.4.	30.5.	21.7.	11.9.	2.11.	26. Dezember
362	27. Dezember	17.2.	9.4.	31.5.	22.7.	12.9.	3.11.	27. Dezember
363	28. Dezember	18.2.	10.4.	1.6.	23.7.	13.9.	4.11.	28. Dezember
364	29. Dezember	19.2.	11.4.	2.6.	24.7.	14.9.	5.11.	29. Dezember
365	30. Dezember	20.2.	12.4.	3.6.	25.7.	15.9.	6.11.	30. Dezember
366	31. Dezember	21.2.	13.4.	4.6.	26.7	16.9.	7.11.	31. Dezember

NACHWORT

Liebe Leser,

ich hoffe sehr, dass meine neue Lektüre Ihnen hilft, Ihre Seele zu heilen und zu erweitern. Sie ist Ihr Ein und Alles. Probieren Sie meine Vorschläge und Übungen aus, und genießen Sie Ihr Leben. Natürlich erhebt mein Buch keinen Anspruch auf Vollständigkeit. Es wäre ja auch ganz unmöglich, meine Erkenntnisse aus mehreren Jahren Forschung in allen Einzelheiten in einem einzigen Buch zu beschreiben. Wenn Sie nun noch mehr wissen und lernen möchten, dann besuchen Sie meine Homepage. Dort finden Sie weitere Informationen und Hinweise zu meinen Seminaren.

www.vadimtschenze.ch

Sollten Sie eine private Beratung wünschen, dann wenden Sie sich bitte per Mail an mein Sekretariat:

vadim@vadimtschenze.ch

SEMINARE AN DER VADIM TSCHENZE AKADEMIE

Eine Auswahl
Russischer Schamanismus
Heilseminare
Geistheilung und Blockadenlösung
Kartenlegen nach russischer und sibirischer Tradition
Moderne Karmalehre und Numerologie
Engelweisheiten, Traumarbeit und Kaffeesatzlesen
Spirituelle Geistheilung hautnah in der Karibik
Channeling
Vetucha-Heilung
Therapie-Heilstein-Berater
Farb-Aromatherapie-Berater
Selbstheilung durch Kräfte der Natur und Kräuterwissen
Anti-Aging durch Kräuterlehre
Schamanische Aufstellung der Neuzeit
Auslandsseminare

Fordern Sie bitte das Gesamtverzeichnis an!

Homepage: www.vadimtschenze.ch

LITERATUR

Bücher des Autors

»Russisch-tibetische Honigmassage«, Videel 2001

»Das geheime Wissen – Einführung in die Welt der Esoterik«, Silberschnur 2006

»Orientalisches Wahrsagen – Kaffeesatzlesen«, Silberschnur 2007

»Geheimnisse der Liebesmagie«, Silberschnur 2008

»Übersinnliche Phänomene«, Silberschnur 2008

»Das alte russische Wissen«, Silberschnur 2009

»Die russische Kräuterheilkunde«, Aquamarin 2012

»Vadims Methode«, Goldmann 2014

»Die Aura und die Haut«, zusammen mit Katarina Michel, Aquamarin 2015

»Vetucha-Heilung – Die russische Magiemethode zur Selbstheilung«, Goldmann 2016

»Wer war ich in meinem früheren Leben?«, Goldmann 2016

»Vadims Schamanischer Kalender«, Goldmann 2016

»Sex und Karma«, Goldmann 2017

»Heilenergetische Ernährung«, Goldmann 2017

Geführte Meditationen auf CD

»Goldene Mitte: Meditation zur **Lösung** karmischer Blockaden«

»Heilende Gebete für Liebe, Geld, Wohlbefinden«

»Heilende Töne für die Seele: Wasseraufladen«

»Meditation der fünf schamanischen Elemente«

»Meditationen der Weiblichkeit«, zusammen mit Dani Felber

»Mystische Zahlenmeditationen«, zusammen mit Dani Felber

Seminare auf DVD

»Kartenlegen einfach gelernt, Seminar für Anfänger und Fortgeschrittene – Basiskurs«

»Kartenlegen einfach gelernt, Seminar für Fortgeschrittene – Auf-
baukurs«

»Wohlfühlmassagen«

»Aberglaube, Magie, Wünsche und Heilung – Ein Vortrag«

Unsere Leseempfehlung

304 Seiten
Auch als E-Book
erhältlich

Vadim Tschenze hat aus Elementen seines russischen Heilwissens, der Reinkarnationslehre und der Numerologie ein System entwickelt, mit dem wir anhand des Geburtsdatums die Themen unseres Schicksals konkret ablesen können. Wir erfahren, welche Charaktereigenschaften heute noch dominant bei uns vorherrschen, lernen, die eigenen Fähigkeiten zu entfalten und entwickeln ein tiefes Verständnis um das Wesen von Karma und Reinkarnation.

Unsere Leseempfehlung

208 Seiten
Auch als E-Book
erhältlich

Speisen, die unsere Seele aufhellen, den Körper nähren und unser Energiekostüm von Groll und Ärgernissen befreien? Die sorgsame Auswahl ätherisch günstiger Lebensmittel und wahre Hingabe beim Kochen sind die Grundzutaten für dieses aufbauende Soul-Food. Basierend auf der feinstofflichen Wirkung der einzelnen Inhaltsstoffe präsentiert Bestsellerautor Vadim Tschenze in seinem ersten Kochbuch eine Vielzahl köstlich vollwertiger Gerichte, die den Körper mit Mikro- und Makronährstoffen versorgen, die Darmflora optimieren und das Gemüt besänftigen.

www.goldmann-verlag.de
www.facebook.com/goldmannverlag